▎ 각 장마다 자기 삶의 방향을 찾을 수 있는 '셀프코칭 질문'이 수록되어 있습니다.
   질문에 답하면서 자신을 찾아 떠나는 여행에 동참해보세요.

◆ 이 책을 구매하시면 선한 나눔에 동참할 수 있습니다.
   첫째, 이 책은 인세의 1%를 저소득층 청소년들의 문화교통비 후원에 기부합니다.
   둘째, 이 책이 1,000권씩 판매될 때마다 전국 청소년 기관 및 교통이 불편한 지역의
   청소년들에게 꿈과 비전에 관한 강의를 재능기부 합니다.

꿈에 다가
가는 당신
에게
용기를 주
는 한마디

상처도 스펙이다

최해숙 지음

생각지도

처음 만났을 때부터 최해숙 대표님은 이미 큰 사람이었다. 대단한 열정과 깊이가 남다른 사람이었다. 같이 있는 것만으로도 힘이 되고 즐거웠다. 이 책을 읽으면서 오랜만에 눈물을 흘릴 만큼 정말 많은 감동을 받았다. 그 담대함, 열정, 즐거움이 모두 상처의 힘이었다니! 그럼에도 글을 읽어가던 중 나 역시 힘이 나고, 열정이 생기고, 스스로 대견하다는 생각을 하게 해주었다. 이 책은 분명 평범한 사람의 이야기를 다루고 있지만, 다 읽고 나면 나 역시 특별한 사람이라는 것을 깨우치게 해줄 것이다.
— 강범구 (한국평생교육원 이사, 《유레카 NLP》 저자)

상처 없는 사람이 어디 있을까. 하지만 똑같이 상처를 받아도 이를 분노와 좌절로 받아들이고 스스로를 괴롭히는 사람이 있는가 하면, 꿈과 사랑으로 승화시켜 자신을 한 단계 더 성장시키는 사람도 있다. 최해숙 대표는 후자가 아닐까? 처절하리만큼 힘겨웠던 지난날의 상처와 결핍을 더 큰 에너지로 승화시켜 긍정과 나눔을 전파하는 그녀의 이야기가 당신의 상처에 연고 같은 역할을 해줄 것이다.
— 김수영 (《멈추지 마, 다시 꿈부터 써봐》 저자)

나도 '꿈파쇼' 무대에 선 적이 있었다. '꿈을 파는 강연쇼'답게 내 꿈에 대해 이야기할 수 있는 자리라 너무 즐거운 시간이었다. 내 이야기를 놓칠세라 귀로 듣고, 눈으로 보고, 마음으로 담아가는 사람들의 진지한 태도에 큰 감동도 받았다. 게다가 '꿈파쇼'는 수익금으로 나눔을 실천하기도 한다니! 오드리 헵번처럼 나눔을 실천하는 삶을 살고 싶은 나에겐 그래서 더 뜻깊은 자리였다. 그 모든 일을 해내고 있는 사람이 바로 이 책의 저자인 최해숙 대표님이다. '꿈파쇼'의 무대만큼이나 푸근하고 진한 감동이 책에서 몰려온다.
— 김진향 (강연가, 작가, 《내 안의 거인》 저자)

4

작년 초 컬러에 깊은 관심이 있다며 찾아와 만난 그 순간부터 내게 최해숙 대표는 강한 열정과 넘치는 에너지의 소유자였다. 《상처도 스펙이다》를 읽으면서 그녀의 열정과 에너지가 어디에서 비롯되었는지 알 수 있었다. 이 책은 우리가 모두 자신의 의지만으로도 충분히 세상을 헤쳐나갈 힘을 얻을 수 있고, 꿈 너머 꿈을 실현할 수 있음을 확인시켜 주었다. 모든 고통은 지나고 나면 우리를 더욱 강하게 한다. 우리의 삶은 어떤 사람을 만나느냐에 따라 크게 달라지는데, 최해숙 대표와의 만남은 우리 인생에서 절대로 안 되는 일은 없다는 것을 일깨워 준다. 꿈을 찾는 모든 이에게 이 책을 적극 추천한다.

― 박연선(사단법인 한국컬러유니버설디자인협회 회장)

흔히 사람들은 스스로 나아가지 못하는 이유를 나를 붙잡고 있는 많은 장애물 때문이라고 생각하곤 한다. 하지만 차이를 만들어낸 사람들은 그 제약이야말로 자신을 존재하게 하는 삶 그 자체였고, 성장과 이룸의 비밀이었노라고 증언한다. 지금 내가 좌절에서 일어서고 싶을 때, 선택의 순간을 마주할 때, 기회의 문 앞에서 고민하고 있을 때라면 이 책이 나의 길을 다시금 밝히는 세렌디피티가 될 것이라 믿는다. another version. 삶은 단계가 아니라 관계임을, 삶은 끌어당김이 아니라 다가가는 것임을, 당신을 괴롭히는 삶의 고민과 숙제가 사실은 열정과 행복의 비밀임을, 우리는 제자리에 있는 것이 아니라 서로가 서로의 소용돌이를 돌며 나아가고 있음을 발견하게 해주는 책이다.

― 송인혁(《퍼팩트 스톰》 저자)

'상처도 스펙이다'라는 말은 위기와 상처를 기회로 역전시킨 최해숙 대표를 한마디로 표현한 명문장이다. 비슷한 상황에서 일찌감치 포기하고 좌절하는 사람들과 그녀가 다른 이유가 그 문장에 있었다. 누구보다 힘든 시간을 지나왔지만, 그래서 그녀는 더 단단하고 에너지가 넘친다. '인생은 속도보다 방향'이라는 것을 사람들이 그녀의 인생 스토리에서 알아갔으면 좋겠다.

― 신규영(보나베띠 공덕역점 대표, 신규영 와인아카데미 대표)

방 안에 앉아서 지구 저편의 사람과 대화를 하는 시대, 많은 사람을 만나지만 딱 두 부류로 나누어진다. 다시 만나고 싶은 사람과 다시는 만나고 싶지 않은 사람. 최해숙은 '다시'를 넘어서서 '계속' 만나고 싶은 사람이다. 이유는 '의리'에 있다. 의리 없는 사람들이 울산말로 '천지빼까리'인 시대다. 앞으로 득이 안 될 것 같은 사람과 하루아침에 절연하는 이들이 넘쳐난다. 산술이 난무하는 세상을 넉넉한 품으로 감싸 안는 그녀의 의리와 아량이 보기 좋다. 이 책에 자신의 상처는 가감 없이 밝히면서도 '선행'은 별로 담지 않은 듯한데, 나는 그녀의 속 깊은 행보를 잘 알고 있다. 상처가 독이 되는 사람이 있는가 하면, 상처를 극복한 힘으로 아픔을 감싸주는 최해숙 같은 사람도 있다. 품도 크고 덩치도 큰 최해숙은 앞으로 더 커나갈 것이다. 이 책에서 큰 사람 되는 비법을 사람들이 많이 깨달았으면 좋겠다.
— 이근미(소설가)

보는 순간 딱 알았다. 그녀에겐 엄청난 에너지가 숨겨져 있다는 것을. 아니나 다를까 꿈을 향한 그녀의 열정은 보는 사람마저 응원을 보내게 했고, 다른 사람의 행복한 성장을 돕는 그녀의 온기는 모든 이들의 마음을 움직이기에 충분했다. 그런 그녀가 이번에 책을 낸다고 하니 그녀의 엄청난 에너지와 열정, 그리고 온기 가득한 마음을 세상에 알릴 수 있게 되어 기쁘다. 무료한 인생에 터닝포인트가 필요한 사람들에게 일독을 권한다.
— 이랑주(이랑주VMD연구소 대표, 《좋아 보이는 것들의 비밀》 저자)

인생에 정말 소중한 게 무엇인지 아는 데는 충분한 상처가 필요하다. 살아가며 겪은 많은 상처와 그때마다 꿈틀거리는 인간의 생명력의 조화는 최해숙 대표님이라는 멋진 인물을 탄생시켰다. 남다른 풍채, 특유의 사교성, 그리고 진심이 담긴 언변까지 그녀에게 가장 쉬운 일은 스스로를 돋보이게 만드는 것일 테지만, 그럼에도 불구하고 매번 타인을 더 돋보이게 만들어온 그녀는 진정으로 인생을 마음껏 주무르며 즐기는 사람이다. 그리고 여태까지 겪어왔던 상처가 그녀의 인생을 어떻게 만들었는지 들여다본다면 세상 그 어떤 실의에 빠져 허우적대고 있는 사람이라도 세상을 다시 살아가볼 용기를 얻을 거라 생각한다. 이 추천사를 읽고 있는 분이 누구일지라도 지금 당장 페이지를 넘겨 1장으로 진입하길 바란다. 인생의 좋은 선택이 될 것이다.

— 이성빈(더블유럽 대표, 강연가, 《서울대 꼴찌》 저자)

그녀를 만나 이야기를 나누면 늘 마음이 편해졌다. 글뿐 아니라 그녀의 말 속엔 사람을 다독이고 용기를 북돋아 주는 힘이 있다. 그녀의 진정성 때문일 것이다. 인간에 대한 사랑은 복잡하지 않고 처음과 끝이 하나라는 진실을 그녀를 통해 깨우친 사람들이 많을 것이다. 삶과 세상과 사람을 향한 그녀의 시선은 깊다. 몹시도 신산스러웠던 그녀의 삶이 있었기에 가능했을 것이다. 고드름은 어째서 거꾸로 매달려서도 제 키를 키워가는지 그녀는 당당히 그러나 애잔하게 글로 노래했다. 그녀의 글을 읽다 보면 '잃어버린 나'를 만날지도 모른다. 잃어버린 나를 돌아보고, 내 안의 상처를 긍정하게 해주는 글은 얼마나 아름다운 글인가. 우리가 왜 꿈을 꾸어야 하는지, 어떤 꿈을 꾸어야 하는지, 꿈은 어떻게 이루어가야 하는지에 대한 그녀의 담백하고 진실한 이야기는 감동적이다. '민들레의 눈높이'를 가진 그녀의 글을 따라가다 보면 불현듯 우리 모습이 보인다. 우리가 기필코 건너가야 할 징검다리가 보인다. 그것은 그녀의 끈질긴 노력이 우리에게 주는 값진 선물일 것이다. 그녀의 글이 손에서 손으로 전해지는 '위로'와 '희망'과 '꿈의 방향'이 돼주기를 바란다.

— 이철환(소설가, 화가, 《연탄길》 저자)

그녀의 성공은 우연이 아니다. 오랜 집중력과 노력이 쌓여 기회를 만나면 뜻밖의 행운이 찾아온다고 한다. 하지만 그 행운은 집중력과 노력 없이 이루어지지 않는다. 그녀의 일은 평범했지만, 그녀의 집중력과 노력은 비범했다. 그리고 뜻밖의 행운이 왔다. Serendipity. 그녀는 진짜다.

— 이혜숙(비즈토크 대표)

열정적으로 사람들과 관계하는 최해숙 대표를 보고 인맥 특강을 의뢰한 적이 있다. 왜 많은 사람들이 그녀를 따르는지 단박에 알 수 있었다. 사람들의 꿈과 꿈을 연결해주는 '꿈맥'이라는 생각이 들었기 때문이다. 꿈에 반응하는 모든 분들에게 이 책을 강력 추천한다.
— 정철상(인재개발연구소 대표, 나사렛대 취업전담교수, 《가슴 뛰는 비전》 저자)

나에게 울산! 하면 그녀밖에 떠오르지 않는다. 밝은 에너지로 주위의 시선을 사로잡는 최해숙 대표는 정말 큰 그릇의 사람이다. 마음속 깊은 상처를 딛고 일어나 주위를 변화시키는 그녀는 자신의 상처를 어메이징한 스펙으로 승화시킨 진정한 영웅이다. 눈물 없이 볼 수 없는 그녀의 아픔을 이 책에 솔직하게 풀어내 준 용기에 박수를 보낸다. 짙은 아픔을 안고 허덕거리며 방황하는 사람들에게 큰 빛의 메시지가 될 이 책은 당신에게 최고의 길잡이가 될 것이다.
— 조성희(조성희 마인드스쿨 대표, 마인드파워 전문가)

짧지 않은 기간 최해숙 대표를 지켜보며 나는 한 단어를 떠올린다. '앙스트블뤼테(Angstblüte).' 불안 속에 피는 꽃이라는 뜻으로, 생명체가 자신의 상황이 어려워질 경우 더 화려한 꽃을 피우고 씨앗을 맺어 자신의 유전자를 후대로 이어가려는 생물학적 현상을 의미한다. 혹독한 추위를 견딘 가문비나무는 그 촘촘한 밀도로 인해 명품 바이올린 '스트라디바리우스'가 되었다. 이렇듯 시련과 아픔은 더 나은 결과를 낳기도 한다. 하지만 삶의 고난과 시련 앞에서 모든 사람이 앙스트블뤼테를 추구하는 것은 아니다. 오히려 대다수 사람들은 그대로 좌절하거나 스스로 포기한다. 최해숙 대표의 문장에는 담백하면서도 끈끈한 울림이 있다. 실제 경험만큼 훌륭한 스승도 없으니. 인생의 기로에 서 있는 분들에게 이 책이 생명수와도 같은 역할을 해주리라 기대해본다. 최해숙 대표가 들려줄 앞으로의 연주가 더 기다려진다.
— 조우성(로펌 기업분쟁연구소 대표변호사)

지금 힘들다면
희망이 있다는 증거다

"사람이 한 번 넘어져야 한다면 저는 조금 빨리 넘어진 편입니다. 20
대에 그런 시련과 기회를 주신 걸 지금은 감사하게 생각합니다. 이
말씀을 드리고 싶습니다. 상처도 스펙이다! 열심히 살아가는 많은 사
람들이 지금 힘들다면 그건 성장통이고, 외롭다면 해 뜨기 전이 가장
어둡기 때문에 더 큰 빛이 떠오를 희망이 있다는 증거입니다. 어떤
모습으로 바꿀지는 지금 선택하면 됩니다. 상처로 머물 것인지, 몇
년 후에 이 상처를 스펙으로 만들어 나를 성장시킬 것인지. 좀 더 많
은 사람들이 꿈을 가지길 바랍니다."

얼마 전 울산 UBC방송의 한 프로그램에 출연해 한 말이다. 내 진
심을 담아 한 이야기였는데, 이 말이 사람들에게 희망과 용기를 주었
다는 걸 알게 되었다. 방송이 나간 후 바로 다음 날 주말이라 백화점

에 잠시 들렀다. 그런데 옆에 있던 한 아주머니가 나를 보더니 화들짝 놀라며 큰 소리로 말했다.

"어? 혹시 어제 방송에서 '상처도 스펙이다' 하고 말씀하신 꿈파쇼 대표님 아니세요?"

아주머니의 큰 목소리에 주위에 있던 다른 분들도 나를 힐끗힐끗 쳐다보았다. 내가 민망해하자, 그녀는 내게 다가와 말을 이었다.

"세상에, 누가 상처를 스펙이라 말하겠습니까? 감사합니다. 그 한마디에 제가 위로를 받고 이래 살아 있습니다."

내 말에 위로를 받았다니 무슨 일인가 하여 이야기를 들어보았다. 그 아주머니는 울산의 모 여상 동문에서 임원으로 활동하고 있는데, 최근 2억 원의 사기를 당하고 너무 힘들어하고 있었다. 어제까지만 해도 큰딸에게 자기가 얼마나 힘든지 괴로움을 토로했다고 전했다. 그러다 우연히 방송에서 내가 '상처도 스펙이다'라고 이야기한 대목을 보고는 '옳거니!' 하며 무릎을 쳤다고 했다.

상처도 스펙이라니! 저런 말을 할 수 있는 사람도 있단 말인가? 그녀는 당장 동문 친구들에게 전화해 방송 이야기를 하면서 그 사람을 꼭 만나야겠다고 이야기했다고 한다. 그런데 마침 바로 다음 날 백화점에서 나를 만난 것이었다! 나는 웃으며 아주머니의 기운이 나를 그곳까지 끌고 온 것 같다고 했고, 그녀는 내게 거듭 감사의 인사를 했다.

그렇게 그녀와 헤어진 후 나는 다른 사람이 아픔을 어떻게 이겨냈는지, 그 길지 않은 몇 마디에도 사람들은 희망과 용기를 얻게 된다는 사실을 알게 되었다. 이후 나는 이 말을 자주 사용하곤 했고, 이번에 '상처도 스펙이다'라는 제목으로 책까지 출간하게 되었다.

나는 평범한 보험설계사다. 생계를 유지하기 위해 시작했던 보험설계사라는 일로 많은 사람들을 만나면서 인생에 큰 재산을 얻게 되었다. 보험설계사로서 나는 SSU손해보험대학 혁신상 수상, 연간 리쿠르팅 최고실적상, 최우수팀장상, 고객만족대상 혁신실천인상, 사내 3% 멤버십인 AMC 회원자격 및 손해보험협회의 우수인증설계사로 인정받았다. 또한 청소년 리더십 강의를 하고, 강사를 파견하는 교육컨설팅 회사인 '성공팩토리 리더십센터' 대표도 맡고 있다. 그리고 울산 시민과 청소년들에게 꿈과 희망을 주는 매개체인 '꿈을 파는 강연쇼(꿈파쇼)'의 대표로 다양한 삶의 모습들로 살아가고 있다.

이처럼 내가 자신 있고 당당하게 내 삶을 이끌어가고 있는 원동력은 무엇일까? 곰곰 생각해보니 지금의 나를 있게 해준 것은 부족하고 결핍되었던 '상처'였다.

어린 시절 아버지는 술에 취해 들어온 날이면 동생들과 우리를 사정없이 때리고, 말리는 엄마마저 때렸다. 그러다가 엄마가 현관문을 열어주면 우리는 캄캄한 옥상으로 피신했다. 밤이슬을 맞으며 옥상에서 동생들을 돌보던 나는 '옥상 위의 누나이자 언니'로 자랐다. 그러다 보니 나는 아버지 앞에서 아무런 저항도 못하는 엄마가 원망스러웠고, 절대 엄마처럼 살지 않겠다고 다짐하고 또 다짐했다. 무엇보다 왜 나만 이렇게 불행해야 하는지, 이런 불행한 삶이 영영 끝나지 않을 것 같아 두렵기만 했다.

예전에 나는 성공한 사람들을 보면 애초에 좋은 부모를 만났거나 성공할 수밖에 없는 환경에서 자랐을 거라고 생각했다. 그래서 어린 시절부터 평탄하지 않고 상처투성이였던 나는 애초에 행복해질 권리가 없는 사람이라고 생각하기도 했다.

하지만 시간이 지나면서 내 상처가 오히려 살아가는 데 힘이 되고, 사람들을 바라보는 시야를 넓혀주었으며, 큰 어려움도 감당할 수 있는 힘을 길러주었다는 사실을 깨닫게 되었다. 이후 나는 성공한 사람들을 보면 그렇게 되기 위해 얼마나 많은 노력과 시간을 감당하며 보냈는지 이해하고 공감하게 되었고, 진심으로 존경하게 되었다.

본디 성공이란 '극복'이라는 요소가 있어야 더 단단해지는 법. 결핍이나 상처를 극복하기 위해 꿈을 갖게 된 경우도 많다. '상처도 스펙이다'라는 깨달음을 얻게 된 것도 결국은 내가 그토록 원망하고 벗어나고 싶었던 어린 시절의 상처 덕분이었고, 위기와 상처를 극복한 주위 사람들의 삶을 보면서였다.

힘든 순간에는 보이지 않는 것들이 있다. 그때는 그 힘든 순간이 언제 끝날까 하는 두려움이 크기 때문에 아무것도 들리지도 보이지도 않는다. 하지만 시간이 지나면 내가 왜 그때 그런 어려운 시간들을 겪어야 했는지를 비로소 알게 되는 때가 온다.

3년 동안 틈틈이 써왔던 글들이 책으로 나온다니 믿기지 않는다. 용기를 낼 수 있었던 것은 해주고 싶은 이야기가 있었기 때문이다. 지금 힘들다면 잘되고 있는 것이라고, 지금 아무리 힘들더라도 더 나은 결과를 선택하기 위해 노력한다면 언젠가 자신이 원하는 그런 삶을 살 수 있을 것임을 알려주고 싶었기 때문이다. 몰아치는 파도 앞에서도 어디로 갈지 정한다면 결국엔 자기가 원하는 지점에 반드시 닿을 수 있다. 5장에 수록한 자기 삶의 방향을 찾을 수 있는 셀프코칭 질문들이 도움이 될 것이다.

나는 유명인은 아니다. 그렇다고 공부를 많이 한 사람도 아니다. 하지만 이 한 권의 책을 통해 자신의 소중한 존재와 삶의 가치, 그리고 꿈을 이루며 살아갈 수 있다는 용기를 얻는 분이 생기길 바라본다.

2017년 5월 울산에서
최해숙

3장. 나는 꿈을 파는 드림맘이다

4장. 당신이 바로 영웅입니다

- 꿈파쇼 울산 영웅 출연진 이야기

5장. 상처를 꿈으로 승화시키는 5단계

1장.

나는 상처에서 시작되었다

나는 연봉 1억 원의
보험설계사다

오늘도 지각이다. 지점장님은 매일 8시 40분까지 출근하라고 했고, 그 시간이 지나면 사무실 문을 잠갔다. 하지만 나는 아직 어린 아이들이 있었고, 바쁜 아침 시간에 애들에게 이것저것 챙겨주고 나면 이렇게 늦는 날이 대부분이다. 그래도 여자 지점장님이시니 이 정도쯤은 이해해주겠거니 믿고 있었고, 지각하는 걸 대수롭지 않게 여기고 있었다.

처음엔 잠긴 문 앞에서 당황스럽기도 했는데, 시간이 지나고 횟수가 거듭될수록 너무도 화가 났다. 하루는 문을 잠그지 않았는데 1분이라도 늦은 사람들에게 왜 늦었냐며 한 명씩 다 묻기 시작했다.

보험설계사들은 아이를 기르는 주부들이 많아서 대부분 아이 챙기느라 늦었다는 대답이었다. 그러자 지점장님은 그렇게 남녀평등 외치면서 직장에 이렇게 지각하는 건 무슨 경우냐고 이야기했다. 남편이 지각하고 이런 말도 안 되는 이유를 대면 상사가 어떤 이야기를 할 것 같냐고도 했다. 직장생활에서는 엄연히 직장의 규칙을 지키라는 게 지점장님 이야기의 요지였다. 지점장님의 말을 듣는데 비참함과 분노가 차올랐다.

'자기도 같은 여자면서…. 애 있을 테니 알 텐데 진짜 너무하네. 지점장님은 애들 다 키웠으니까 그렇겠지.'

불만이 쌓일수록 나는 더 반항하기 시작했고, 하루는 아예 출근을 안 해버렸다. 그랬더니 지점장님이 집으로 찾아오셨다.

"야 이년아, 내가 살다 살다가 보험 지점장 하면서 너 때문에 욕을 배웠다."

"지점장님은 같은 여자면서 어떻게 다른 설계사들이 육아로 힘들어하는데, 이해는 못해줄망정 그걸 더 약점으로 이용하고 그래요?"

내가 대꾸하자, 지점장님은 한마디 했다.

"장애물 없이 목표는 없다."

순간 나는 엄청난 이야기라도 들은 듯 다시 물었다. "장애물요?"

지점장님은 나에게 자기가 처음 보험회사에 왔을 때의 이야기를 들려주었다. 8개월 된 아이를 업고 네 살 된 아이 손을 잡고 그녀는 처음으로 보험회사를 찾아갔다. 그런데 돈이 없어서 한동안 못 먹었더니 몸은 바짝 말랐고, 옷조차 누더기 옷을 입고 있었던 터라 보험회사에서는 그녀가 일을 못할 것 같다는 의심의 눈초리로 쳐다봤다고 한다.

일을 한번 해보라고 했는데, 6개월 동안 실적을 하나도 못 내니깐 지점장님이 봉투에 3만 원을 넣어서 손에 쥐어주면서 집에 가라고 했다. 봉투를 받아 들고는 "이 돈 받으려고 온 거 아닙니다!"라고 소리를 쳤다고 한다. 웃음이 났다. '역시 이 지점장님 깡은 있네.'

"3만 원이 싫으면 6개월 동안 실적을 올리든가!"

그때부터 아이 둘을 데리고 다니면서 미친 듯이 일했다. 고객 집에 아이들을 데리고 갈 순 없으니 아파트 놀이터나 근처에서 놀면서 기다리라고 하고선 다녀왔다.

어느 날 자고 일어나보니 아이가 땅에 발을 딛지 못하는 것 같아서 왜 그러냐고 물으며 살펴보았다. 그런데 모래가 깔린 놀이터에서 놀면서 신발을 신지 않고 맨발로 다닌 아이가 화상을 입은 게 보였다. 화상 때문에 물집이 생겨 너무 아픈 나머지 바닥에 발바닥을 대지 못했던 것이다. 아파하는 아이를 보며 그녀는 더 열심히 일해야겠다고 생각했다고 한다.

그렇게 힘들게 성공한 분이 바로 나의 첫 번째 멘토인 김미 지점장님이다. 김미 지점장님은 키가 160센티미터 정도에 덩치는 그리 크지 않은 분이다. 하지만 기가 얼마나 당차고 에너지가 거대한지 목소리에도 에너지가 꽉 차 있다. 그녀는 삼성생명 울산의 첫 여자 지점장이었고, 당시 나는 그녀처럼 여자 지점장이 되는 것을 목표로 삼았다.

지점장님이 다녀간 후 나도 더 열심히 일하려고 노력했다. 하지만 내 기준에서 열심히 했던 것이고, 지점장님 입장에서는 열심히 하는 것처럼 보이지 않았던가 보다. 한번은 지점장님이 "해숙이 너 왜 일 안 하는데?"라고 했다.

그때 나는 월 300만 원 정도 벌고 있던 터라 여자 월급이 이 정도면 괜찮은 소득이라고 생각하고 있었다. 예전에 어린이집을 운영할 때도 1,000만 원 넘게 수입이 들어왔지만, 직원들 급여 주고, 월세 내고, 차량 유지에 이것저것 지출하고 나면 내가 버는 돈은 200~300만 원 정도였기에 비슷하다 생각하고 안도하고 있었다. 그런데도 지점장님은 영업하는 사람이라면 월 500만 원은 벌어야 하지 않냐며 그 정도 소득을 내는 사람들을 한번 살펴보라고 했다. 지점장님의 말에 나는 이렇게 대꾸했다.

"전 지금으로도 괜찮아요. 그리고 500만 원 이상 버는 사람들도 봤는데, 제가 그렇게 일하려면 집을 버려야 해요. 애도 보지 말고 집에도 가지 말라는 소리예요? 전 애들이 가장 소중한데요."

그러자 지점장님은 이렇게 말했다.

"너 3개월만 지금의 두 배만큼 일해봐. 그때도 월급 500만 원이 안 되면 내가 너한테 100만 원 줄게. 대신 그렇게 못하면 니가 나한테 100만 원을 주는 걸로. 딱 3개월만 해봐. 되나 안 되나 나랑 내기하는 거다."

잠깐 고민하다 나는 손해 보는 건 아니라고 생각되어 그러자고 했다. 내가 딱 3개월 해보고 100만 원 안 받아내는지 봐라, 지점장님 코를 납작하게 만들어야지, 일만 잘하면 된다는 것을 보여줘야지 하면서 일했다.

다음 날부터 나는 목표를 달성해야 한다는 생각에 미친 듯이 일했다. 3개월을 지점장님이 시킨 활동 룰을 지키기 위해 매일 고객 명단을 확인하며 약속을 잡았고, 계약이 되든 안 되든 사소한 문의도 무조건 방문해서 고객을 만나기 시작했다. 하루에 10명의 고객에게 전화하고, 최소 5명 이상 방문 미팅을 실천하기 시작했다. 어떤 날은 만나야 할 고객이 많아서 해가 빨리 뜨기만을 기다리며 잠을 설치기도 했다. 그렇게 3개월 후 정확히 500만 원이 넘는 월급이 통장으로 들어왔다.

지점장님은 나를 불러 약속한 돈이라며 사비로 100만 원을 챙겨주었다. 그러면서 6개월 후엔 월급을 1,000만 원으로 만들라고 했다. 그때는 말도 안 되는 이야기라고 생각했지만, 500만 원도 만들었는데 1,000만 원을 못 만들까 하는 생각도 들었다.

"다음 달에 팀장으로 올라가서 사람들 돈 벌 수 있게 키워. 욕하든 지랄하든 결국 우리 모두 돈 벌러 온 거니까, 네가 다른 사람 돈 벌 수 있게 도와줘."

지점장님의 지령에 나는 목표에 대한 관념이 생겼고, 그때부터 목표 지향적인 사람으로 바뀌게 되었다. 김미 지점장님은 처음으로 내 목표를 만들어준 분이자 나를 변화시킨 디딤돌 같은 분이었다. 무엇보다 내가 혼란스럽고 선택하기 어려운 상황에 처했을 때 나에게 맞는 나만의 선택을 할 수 있도록 도와주었다.

강의를 시작하고 얼마 되지 않아 보험 일과 강의 일이 뒤범벅되어 혼란스러운 시기가 있었다. 처음으로 대학 강의 요청도 들어왔다.

그런데 때마침 보험도 중요한 마감이었다. 그때 나는 어느 한쪽을 선택해야 한다고 생각했다. 계속 고민하다가 지점장님에게 전화해 사정을 설명했다. 두 가지 모두 중요해서 어느 쪽을 선택해야 할지 모르겠다고 토로하자, 수화기 저편에서 욕이 쏟아지기 시작했다.

"야 이년아, 강의 누가 하라고 해서 했냐? 니가 하고 싶어서 한 거잖아. 보험 마감 누가 하라고 해서 하냐? 니가 하고 싶어서 지금 고민하는 거잖아. 그럼 둘 다 해야지. 두 가지 일을 하겠다고 했을 때는 남들보다 2배로 힘들 거라는 건 생각도 안 하고 했냐? 둘 다 해!"

'망치로 머리를 한 대 얻어맞았다'고 하는 표현이 딱 그때의 내 심정이었다. 내가 선택해서 하는 일인데, 두 가지 다 하려면 당연히 더 힘과 공을 들여야 한다.

대부분의 사람들은 자신의 기준에서 상대에게 좋은 것이 무엇일지를 생각하고 선택하라고 말한다. 하지만 나의 롤모델이자 멘토였던 김미 지점장님은 내가 어떤 선택을 하든 다른 사람의 기준이 아니라 나에게 맞는 관점에서 문제를 해결할 수 있도록 조언해주었다. 그래서 나는 중요한 결정과 선택을 내려야 할 때마다 그녀라면 어떤 선택을 했을까 하며 그 입장에서 고민해보게 되었다. 그만큼 지점장님은 내 인생에서 중요한 멘토가 되었다.

이후 지점장님은 우리 지점에서의 성과로 더 큰 다른 지점으로 발령이 났고, 나는 연봉 1억 원 이상의 성과를 내게 되었다. 하지만 그 목표에 닿기 전까지 내 인생은 온통 부족함과 상처투성이였다.

옥상 위의 아이들

지금의 나를 있게 해준 것은 '상처'였다. 어디서 많이 본 듯한 '불우했던 어린 시절'이라는 표현은 딱 내 얘기다. 술을 좋아했던 아버지는 거나하게 취해서 들어온 날이면 이유 없이 가족들을 때렸고, 우리 삼남매를 벌벌 떨게 하는 공포의 대상이었다.

아버지가 술에 취해 돌아온 날이면 우리는 아버지의 호출에 따라 거실에 한 줄로 불려나와 차례대로 줄을 서서 귓방망이를 사정없이 맞았다. 그러다 엄마가 현관문이라도 열어주면 첫째 딸이었던 나는 동생들을 이끌고 줄행랑을 쳤고, 그렇게 피신한 곳은 캄캄한 옥상이었다.

그곳에서 보낸 날이 수만 밤이었다. 혹여 아버지가 옥상까지 올라오진 않을까 긴장과 두려움에 떨면서 밤이슬을 맞았던 나는 동생들을 지키며 옥상에 둥지를 틀었고, 우리는 '옥상 위의 아이들'이 되었다.

그런 나날이 이어지다 보니 나는 힘없는 엄마가 원망스러웠다. 폭력적인 아버지 앞에서 저항할 수 없었던 엄마가 이해되기도 했지만, 한편으로는 엄마가 우리들을 위해서 할 수 있었던 것이 고작 아버지를 말리면서 도망갈 수 있도록 현관문을 열어주는 것뿐이었다니. 나는 절대 엄마처럼 살지 않겠다고 다짐했고, 바보 같았던 엄마를 향한 원망은 커져갔다.

그 싸늘한 현실 속에서도 나를 사로잡았던 것은 옥상 위에서 바라보는 '별'이었다. 건물에 가려 보이지 않던 별들도 옥상에 올라가면 원 없이 볼 수 있었다. 지금도 밤하늘의 별을 보면 아버지에게 들키지 않으려고 숨죽이며 숨어 있어야 했던 두려움의 그 시간들이 떠오르곤 한다.

하지만 별은 어린 시절 나에게 '희망'의 메시지였다. 온 세상이 캄캄하고 내 마음도 온통 흑칠이 된 것처럼 힘들 때 별은 더 밝게 빛났다. 항상 그 자리에 있던 별이었는데 가장 어두울 때 가장 찬란하게 잘 보였다. 어린 나에게 별이라는 존재는, 지금은 가장 어두운 그늘에서 웅크리고 있지만 언젠가 나도 저 별처럼 빛나며 누군가를 위로해줄 수 있으리라는 한 줄기 희망이었던 것이다.

온통 상처투성이였던 어린 시절, 왜 나만 이렇게 불행해야 하는지, 나의 출발점은 왜 이 모양 이 꼴이냐며 한탄도 했다. 그러나 지금은 오히려 "상처도 스펙이다"라며 당당하게 말한다. 끝없는 고통의 터널이었던 어린 시절의 그 상처가 있었기에 지금의 내가 있다는 것을 깨달았기 때문이다. 지금의 나로 서 있기까지 나를 끊임없이 성장시켜 준 것은 바로 '상처'였다.

내가 생각하는 상처란 살아오면서 자신에게 부족했던 것, 다른 말로 '결핍'이라 할 수 있다. 대부분의 사람들은 자신의 삶에 100퍼센트 만족하지 못하고 저마다 자신만의 결핍과 부족함을 느끼기 마련이다. 결핍은 메우고 싶다는 강렬한 열망과 성장하고 싶다는 욕구로 이어지기도 한다. 결핍을 충족시키고 싶은 욕구를 받아들이는 자세는 사람마다 다르다. 좌절로 내팽개쳐 버리는 이도 있고, 인정하고 받아들인 후 '꿈'이라는 새로운 목표로 전환하는 사람도 있다. 나도 어느 쪽이든 선택해야 했다.

마리아가 되고 싶었다

내가 어렴풋하게나마 '꿈'이라는 것을 떠올리게 된 것은 아버지의 폭력에서 벗어나고 싶은 욕구 때문이었다. 밤하늘의 별이 나에게 하나의 희망이었다면, 당시 나의 꿈은 하루빨리 어른이 되어 두 동생들을 데리고 나가 내 품에서 안전하게 보살피며 키우는 것이었다. 나에게 동생들은 동지이자 보살펴야 하는 자식이나 마찬가지였다.

아버지가 술을 마시고 폭력이 있었던 다음 날이면 중학생이었던 나는 초등학교 다니는 동생의 안부가 늘 염려스러웠다. 점심시간에 버스를 타고 부랴부랴 동생 학교까지 가서 동생이 잘 있는지를 확인했고, 학부모 상담을 온 엄마처럼 담임선생님께 동생을 잘 부탁한다고 인사를 하고 나왔다. 그래도 항상 밝았기에 학교 친구들은 아무도 우리 집 상황을 알지 못했다.

그러다가 열다섯 살 때 우연히 〈사운드 오브 뮤직〉이라는 영화를 보게 되었는데, 그 영화에 나오는 마리아가 되고 싶다는 생각이 들었다. 영화에 나왔던 들판에서의 장면을 떠올리며 자유롭게 나 자신을 풀어줄 누군가를 갈망했는지도 모른다. 동생들에게 나 자신이 그런 존재가 될 수 있다면 정말 행복하겠다는 생각도 들었다. 무엇보다 동생들은 내가 가진 모든 것을 주어도 아깝지 않은 존재들이었다.

매일 밤마다 잠들기 전에 그 영화의 음악을 카세트테이프가 다 늘어나도록 들었다. 무엇이 나의 미래가 될지 알 수 없었지만, 나는 꿈꾸는 것을 포기하지 않았다.

지금도 나는 주변 사람들로부터 "끼가 많다"라는 말을 자주 듣곤 한다. 사실 학교를 다니던 시절에도 내면의 즐거움과 흥을 감추기 힘들었다. 고등학교 진학을 결정할 때가 되었을 때, 용기를 내어 아버지에게 예술고에 진학하고 싶다고 말씀드린 적이 있었다. 당시에 어디에서 그런 용기가 났는지 지금 생각해도 대견하다.

아버지가 "그래, 니가 하고 싶은 거 응원해주마"라고 대답하실 거라곤 생각도 안 했다. 그냥 내 안에 숨어 있던 막연한 '설렘'을 표현하고 싶었다. 하지만 대답은커녕 아버지는 우악스러운 손바닥으로 내 뺨을 후려쳤다. 나는 그 자리에 털썩 쓰러졌다. "큰 딸이면 돈 벌어서 집에 보탤 생각을 해야지! 어디 돈 갖다 쓸 생각을 하는 거야!"

집안 사정을 생각하면 아버지의 의견이 나와 다른 것은 이해할 수 있었다. 하지만 내 꿈조차 말할 수 없다는 현실이 나를 비참하고 슬프게 만들었다. 더구나 따귀라니! 아버지와 다른 의견을 말했다는 이유로 나는 그 자리에서 죽을지도 모른다는 공포감을 느꼈다. 결국 '노래 부르는 마리아'가 되고 싶다는 열여섯 살의 내 꿈은 영원히 가슴에 묻을 수밖에 없었다.

몸에 상처가 난 것은 시간이 지나면서 아물기 마련이다. 하지만 그날 아버지의 폭력은 내 마음에 큰 상처를 남겼고, 나는 오랫동안 그 상처에 시달려야만 했다.

나도 나였지만, 막내 여동생에게도 흥과 끼가 있었다. 우연히 나는 초등 2학년생이던 동생이 노래를 참 잘 부른다는 사실을 알게 되었다. 내가 이루지 못한 것을 동생에게는 물려주고 싶지 않았다. 그래서 당시 인기 동요 프로그램에 출연시키기 위해 동생을 데리고 오디션 신청을 했다. 하지만 동생은 아쉽게도 예선에서 탈락했다.

너무도 추웠던 그해 겨울, 오디션장 계단에 앉아 추울까 봐 양말 신은 동생의 발을 호호 불어주던 기억은 아직도 생생하다. 비록 동생은 오디션에서 떨어졌지만, 나와는 달리 도전해본 것만으로도 고마운 일이었다.

이후에도 나는 항상 동생들을 위해 뭔가를 해주고 싶었다. 하지만 나에겐 힘도, 돈도 없었다. 동생이 너무 먹고 싶어 하던 자장면을 사주지 못했던 것은 지금도 마음에 걸린다. 동생들에 대한 특별한 애정은 지금까지 나를 이끌어온 원동력이 되었다. 꿈을 가진 사람들을 본능적으로 응원하는 힘도 그때부터 생긴 듯하다.

나를 찾기 위한 용기 앞에서

아버지의 완고함 때문에 나는 예술고 진학을 포기해야 했고, 결국 울산여자상업고등학교를 가야 했다. 비록 원하는 학교에 진학하는 건 아니었지만 나는 무엇이든 잘하고 싶었다. 그래서 엄마에게 졸라 주산, 타자, 부기 학원을 등록했다. 집에서 한 시간 정도 거리에 있는 당시 울산에서 유명한 공업탑에 있는 학원이었다.

보름쯤 다녔을까. 내가 학원에 다닌다는 사실을 아버지가 알게 되었고, 당장 학원을 그만두고 학원비를 환불해오라며 또 폭력을 가했다. 아버지는 환불하고 돈을 받아오지 못하면 가만두지 않겠다며 엄포를 놓았다.

학원비 환불을 받으러 가는 버스 안에서 '나는 왜 원하는 것도 마음대로 배울 수 없을까' 생각하며 차창에 머리를 기댄 채 하염없이 울었다. 학원 선생님은 수업 시간도 아닌데 울면서 찾아온 나를 보고 놀라서 물었다.

"해숙아, 너 얼굴이 왜 그래?"

나는 선생님에게 사정을 이야기했다. 하지만 학원 규칙상 2주 이상 다니면 환불이 안 된다고 단호히 말씀하셨다. 선생님의 대답에 나는 또 아버지에게 혼날 생각이 났고, 선생님을 붙잡고 통사정을 했다. 같이 갔던 당시 초등학생이던 여동생도 울며 말했다.

"선생님, 돈 주세요. 아님 우리 언니… 아빠한테 맞아 죽어요."

우리 자매의 간곡한 부탁에 선생님은 결국 봉투에 4만 원을 넣어 손에 쥐어주었다. 그 돈을 아버지에게 주고 난 후 내 마음속에는 알 수 없는 허탈함과 분노가 자라기 시작했다.

아버지는 내가 큰딸로서 집안에 재정적 도움이 되길 바랐다. 그래서 나는 예술고를 포기하고 여상을 선택해야 했다. 그리고 드디어 고등학교 입학식 전날이 되었다. 교복을 보고 있자니 나는 잠을 이룰 수가 없었다. 더 이상 아버지의 꼭두각시가 되고 싶지 않았다. 꾹꾹 눌러왔던 감정이 폭발한 것일까. 나는 교복을 집어던져 버리고 짐을 꾸렸다.

갈 만한 데도 딱히 없었지만 일단은 집을 떠나기로 했다. 아버지 대신 집안을 책임져야 하는 장녀가 아니라 미래의 나 자신과 동생들을 위해서 돈을 벌기로 결심했다. 돈 모아서 치킨 사먹자며 동생들과 한 푼 두 푼 모았던 8,000원이 든 저금통을 들고 그날 나는 새벽기차를 탔다. 그때는 어디서 그런 용기가 났는지 지금 생각해도 신기하다. 분명한 것은 내 선택에 의한 삶이 아니라 다른 누군가의 강요에 의해 내 삶을 낭비하기는 싫었다.

그날 이후 나의 미래는 새로운 방향으로 움직였다. 사실 가출할 때만 해도 내 생활이 가출로 인해 많이 변화할 것이라는 희망이 있었다. 더 행복해지겠다고 결심하고 집을 떠나왔지만, 내 삶은 내가 원하는 대로 이어지지 않았다.

가출하고 내가 찾은 곳은 낮에는 공장에서 일하고 밤에는 공부하는 부산의 한 실업고등학교였다. 동생들이 너무 보고 싶어 집으로 가 볼까 생각도 했다. 하지만 혹시 낮에 집에 들렀다가 아버지를 맞닥뜨리게 될까 봐 공장의 휴가 기간에도 집 근처엔 얼씬하지 못했다.

그러다가 고등학교 2학년 때 맹장수술 때문에 당분간 일을 할 수 없게 되어 집에 들렀다. 아니나 다를까 동생과의 만남도 잠깐, 아버지를 딱 마주쳤다. 나는 동생에게 "언니 올 때까지 아빠한테 맞아 죽지 말고 살아만 있어래이" 하면서 다시 도망치다시피 집을 뛰쳐나왔다.

밖으로 뛰쳐나온 나는 내 안위보다 동생이 아빠한테 맞아 죽을까 봐 더 걱정이 되었다. 그래서 공중전화 박스에 들어가 벌벌 떨면서 112에 전화를 걸었다.

"제 동생 좀 살려주세요. 제 동생이 아빠한테 맞아 죽어요. 제발 살려주세요."

잠시 후 경찰 2명이 집으로 올라가는 것이 보였다. 아빠가 경찰 손에 이끌려 잡혀가길 바랐다. 그래야 동생이 살 수 있을 것 같았다. 하지만 5분도 채 되지 않아 경찰들은 집 밖으로 나왔고, 다시 돌아갔다. 나는 그 상황을 이해할 수가 없었다. 동생이 어찌되었는지 알 길 없던 나는 집이 보이는 전봇대 뒤에서 한참을 울다가 발길을 돌렸다.

10대였던 당시의 내 삶을 한마디로 표현하기란 쉽지 않다. 턱밑까지 차오르는 물에 빠져 허우적대다가 조약돌 하나에 발가락 한쪽 끝으로 겨우 버틴 채, 수면 밖으로 얼굴을 내밀고 간신히 숨을 쉬는 게 당시의 내 모습이었다.

그때 내 삶은 그야말로 위기였다. 위기의 순간 양손은 두 동생들의 옷자락을 겨우 잡고 있었다. 그 참담한 삶에서 벗어나고 싶어 가출까지 했지만, 집을 떠난다고 해서 삶이 송두리째 바뀌지는 않았다. 질긴 운명의 끈은 나를 그 자리로 자꾸 데려와 묶어놓았다. 그 시절 나는 처절히 혼자일 수밖에 없었다.

지금 와서 돌이켜보면 힘들었던 어린 시절은 한편으론 내가 꿈에 대해 좀 더 의미 있게 생각하고, 미래에 대해 진지하게 고민해볼 수 있게 해준 계기가 되었다. 삶은 그저 아무 이유 없이 이어지는 것이 아니라, 자신이 마음먹기에 따라 얼마든지 새로워질 수 있다는 게 나의 생각이다. 상처라는 곪아터진 생채기가 언젠가는 자신을 발전시키는 '스펙'이 될 수 있음을 나는 나중에야 깨닫게 되었다.

엄마라는 상처를
가슴에 안고 살아가다

아버지의 폭력과 그 폭력에 무기력했던 엄마, 그리고 가출하면서 일찍 부모 곁을 떠난 나였기에 솔직히 엄마와의 아름다운 추억은 거의 없다. 게다가 나는 엄마처럼 살고 싶지 않았고, 바보 같았던 엄마가 싫었다.

반면 동생들은 엄마와 바닷가에 놀러간 기억이나 엄마가 자신들을 보듬어주었던 따스한 추억거리를 몇몇 갖고 있다고 했다. 오죽하면 얼마 전까지만 해도 나는 동생들에게 엄마 안부를 물을 때 "너희 엄마는 잘 있냐?"라고 비아냥거리기 일쑤였다. 내 물음에 동생들은 '우리 엄마'라고 강조하며 나를 안타까워했지만, 그 정도로 나는 엄마에 대해 냉담했다.

"언니는 엄마가 왜 그렇게 미워?"

한번은 여동생이 내가 엄마에게 냉담한 이유를 물었다.

"엄마는 한 번도 우리를 지켜준 적이 없었잖아."

내 말을 듣고 있던 동생은 말도 안 된다는 듯이 흥분하며 말을 잇기 시작했다.

"언니, 엄마 두고 절대 그런 얘기 하지 마. 언니는 아버지한테 맞은 기억밖에 없재. 엄마가 언니 안 맞게 하려고 말리다가 항상 먼저 맞고 쓰러져 있었는데, 언니는 그런 기억 하나도 안 나? 언니가 엄마를 미워하는 이유가 그거였다니! 그때 언니는 아버지한테 맞을 거라는 두려움에 긴장해서 기억하고 싶은 것만 기억하는 거야. 어떻게 그럴 수가 있어."

막내 동생은 흥분해서 말을 이어갔다. 그러면서 당시 아버지에게 맞았던 생생한 장면들을 이야기해주었고, 나는 얼핏 기억나는 것 같기도 했다. 하지만 동생의 말을 믿을 수가 없었다.

"거짓말 하지 마라. 언제 그랬는데? 너 맞을 땐 내가 막아줬잖아. 엄마는 그때도 너희한테 안 달려왔잖아!"

"엄마는 언니 맞을 때 이미 아버지한테 맞아서 쓰러져 있었어."

아, 그제야 내가 보지 못했던 엄마의 모습이 떠올랐다. 눈물이 났다. 주루룩 눈물을 흘린 게 아니었다. 정말 펑펑 울었다. 내가 보지 못한 것은 생각지도 않고, 내가 보고 싶은 것만 본 채 엄마를 40여 년 가까이 오해하면서 살았다니….

시어머니가 반찬을 해주면 "와, 맛있어요!" 하며 살갑게 굴던 나였다. 그런데 정작 엄마가 음식을 해주면 "안 먹는다!" 하면서 퉁명스럽게 대답했다. 청소를 해줘도 "하지 마라!"며 화를 내곤 했다. 그럴 때마다 엄마는 얼마나 마음이 아팠을까? 톡톡 쏘는 내 말투에 엄마는 얼마나 상처받았을까? 지난 시간들이 너무 미안하고 죄스러웠다.

그러고 보니… 이제야 보인다. 엄마가 나를 얼마나 짝사랑해왔는지를. 결혼 후 일이 늦을 때면 나는 엄마에게 아이들을 맡겼다. 그런데 퇴근하고 집에 들어가면 엄마는 항상 소파에 앉아 계셨다. 그 광경을 대수롭지 않게 생각했는데, 아들이 한 말이 떠올랐다.

"외할머니는 엄마만 오면 긴장하나 봐. 허리가 안 좋으시니까 소파에 누워 계시거든. 근데 엄마가 '띵동' 하고 초인종을 누르는 순간, 자다가도 벌떡 일어나서 소파에 앉아 계신다니까."

퇴근길 소파에 앉아 있던 엄마에게 나는 고맙다는 말 대신 "TV 보는 것도 아니면서 왜 그러고 있는데! 그냥 자지" 하면서 퉁명스럽게 말했다.

이제 머리로는 이해되었다. 하지만 가슴으로, 마음으로는 그때까지도 내게 엄마라는 존재는 없었다.

기억은 흔히 왜곡되기 쉽다. 당시 내 감정만으로 그 상황을 읽기 때문이다. 가끔 텔레비전에서 오래전 영상을 틀어줄 때면 '저 시절에 화질이 저렇게 안 좋았나?' 싶다. 분명 그때는 최신 유행에 가장 세련되다 생각했는데, 지금 보면 촌스러움의 극치다. 분명 그때는 안 그랬는데 말이다.

기억이란 그런 것이다. 상처로 가득했던 기억 한편에는 당시엔 보지 못했던 희망이 한 조각 있을 수도 있다. 그때는 발견하지 못했지만 녹록치 않은 세상을 살아가면서 이제는 선명히 눈에 보이는 것들이 있다. 그러니 우리는 항상 내가 보고 있는 것이 올바른지, 혹시 색안경을 끼고 다르게 보고 있지는 않은지, 나의 패러다임이 잘못된 것은 아닌지 항상 자신을 돌아봐야 한다. 내 기억과 생각이 모두 항상 맞다는 보장은 어디에도 없으니까.

결핍은 상처로 끝나지 않는다

큰아이가 세 살 무렵 집안 사정은 그리 좋지 못했다. 아이에게 더 좋은 수업을 시키거나 어린이집을 보낼 형편도 안 되었다. 그래서 둘째를 임신하고 힘든 상황에서도 집에서 큰아들과 놀아주어야 했다.

다행히 나는 아이들을 참 좋아했다. 아들이 잘 노는 것이 좋아서 동네 아이들을 우리 집에 데려와 놀기 일쑤였고, 아들 식사를 챙길 때면 동네 아이들도 불러 모아 우리 집에서 종종 밥을 먹였다. 그래서 그런지 동네 아이들도 "해수기 이모" 하며 잘 따랐다. 아이들이 없어졌다 하면 동네 엄마들도 우리 집에 애를 찾으러 오곤 할 정도였다.

그러다 보니 동네에서 작은 구멍가게와 문구사를 하던 언니들이 "아이들 몇 명 모아줄 테니 네가 우리 애들 좀 봐주면 안 될까?" 하고 제안했다. 어차피 지금까지도 아이들과 잘 놀아주었는데, 돈까지 준다는데 마다할 이유가 없었다. 훗날 그 제안이 내 숨통을 틔어줄 계기가 될 줄 누가 알았겠는가.

워낙 아이들을 좋아하고 당장 돈도 벌어야 하는 상황이었기에 나는 바로 실행에 옮겼다. 한마디로 동네 어린이집 역할을 하게 된 것이다. 그래도 구색은 갖춰야 한다는 생각에 아는 언니에게 500만 원을 빌려 우유 대리점으로 사용하던 창고 17평을 얻어 놀이방으로 개조했다.

원아는 우리 아이들을 포함해 5명이 전부였다. 하지만 나는 놀이방에서 아이들과 비눗방울 놀이도 하고, 놀이터에서도 신나게 놀았다. 동네 엄마들은 물론이거니와 나중에는 소문을 듣고 온 사람들도 있었다.

놀이방을 운영할 당시 두 돌 된 남자아이가 있었는데, 변비에 걸려 변을 볼 때마다 너무 힘들어하고 고통스러워했다. 그날도 너무 힘들어하며 눈물을 찔끔 하길래 손가락을 집어넣어 똥을 빼주었다. 때마침 아이를 데리러 온 다른 아이의 엄마가 그 모습을 보게 되었고, 그 놀이방 원장이 이런 사람이라며 소문을 내주기 시작했다. 소문을 듣고 여기저기에서 엄마들이 아이들을 맡기기 위해 모여들기 시작했다.

작게 시작했지만 어린이집은 점점 커졌고, 초등학생이 되어서도 아이를 봐달라는 요청에 집 전세 자금을 빼서 학원까지 하게 되었다. 그렇게 나는 동네에서 학원과 어린이집, 그리고 놀이방까지 11명의 교사를 둔 원장이 되었다. 단지 아이들이 좋아서 같이 놀았을 뿐이고, 내 아이의 친구들이라고 생각했기에 어느 것 하나 계산하며 베풀지 않았다. 그런 내 마음이 전해졌는지 나는 2년 만에 3개의 원을 운영하는 원장이 되었다.

당시 서너 살이던 아이들이 벌써 고등학생, 대학생이 되었다는 소식도 듣곤 한다. 당시 학부모였던 몇 분과는 언니 동생 하는 정 깊은 관계를 지속하고 있기도 하다. 내가 차츰 삶의 기반을 다져가기 시작한 것도 아마 그 무렵이었던 것 같다.

기회란 언제 찾아올지 모른다. 하지만 기회라는 녀석이 찾아왔을 때 기회라는 모습을 뽐내며 예쁜 선물처럼 오지는 않는다. 결핍된 상황에서도 내가 할 수 있는 것, 그래도 좋아하는 영역에서 행복을 느낀다면 기회는 바람처럼 삶에 스며들게 된다.

좋아하는 것을 행복하게 느끼는 것만으로도 결핍을 행복의 원동력으로 만들 수 있다. 결국 행복을 만드는 것은 자기 자신이고, 자신의 선택에 달려 있다. 결핍은 결코 상처로만 남지 않기 때문이다.

어떤 상처든
반드시 치유할 약이 있다

강연 기획과 강의를 하며 바쁘게 지내던 어느 날 서울에서 NLP 강사 활동을 하는 '강범구'라는 동생을 만나게 되었다. 범구는 작은 키에 주먹만 한 코, 그리고 커다란 두 눈은 쑤욱 들어간 얼굴로 누가 봐도 동남아 외국인처럼 보인다. 그런 범구는 입만 열면 참 재미있게 말하는 동생이다.

그는 김창옥 교수처럼 유명한 강사가 되고 싶어서 그의 동영상을 몇천 번이나 보면서 연구했고, 그와 똑같이 말하려고 노력했다. 그런데 얼핏 보면 동남아 쪽 외국인이 김창옥 교수 흉내를 내는 것 같아서 더 재미있다.

그런 그의 수업 가운에 '트라우마 없애기'라는 부분이 있다. 트라우마라…. 사실 나는 어릴 적 술만 드시면 우리에게 폭력을 가했던 아버지에 대한 트라우마가 있다. 그래서 술을 많이 마시는 사람을 보면 나도 모르게 혐오감이 들었고, 점점 술을 많이 마시게 된 남편과의 결혼생활에도 어려움이 많았다. 그게 이유였는지 삐걱대던 결혼생활도 결국엔 파탄이 났다.

아버지에 대한 원망도 많았다. 아버지 때문에 나에게 남자란 술 마시고 정신줄 놓으면 사람 구실도 제대로 못하는 동물과 같은 존재로 비하되어 있었다. 나보다 약하거나 내가 할 수 있는 일이라면 두 손 걷어붙이고 도우려 했지만, 상대가 나를 이기려 들거나 통제하려 하면 아버지의 구속에서 발버둥치는 그때의 내가 떠올라 상대를 짓눌러 이겨야만 속이 후련했다. 사회생활에서도 그런 내 성향은 고스란히 드러났다.

안 되겠다 싶어 나는 아버지에 대한 트라우마를 없애고 싶어 울산으로 초대 강의를 요청했다. 전국 강사가 되고 싶다던 그는 강의를 해주러 즐겁게 울산으로 내려왔다. 마침 NLP에 대한 인지도가 형성되고 있던 터라 내 주위의 몇몇 분들도 관심을 갖고 모여들기 시작했다.

그렇게 수업이 시작되었다. 그런데 수업 초반 범구는 자기 강의를 듣고 고혈압도 나았고, 디스크도 좋아졌으며, 어디어디도 좋아졌다는 식으로 약장사가 약 팔 듯이 말도 안 되는 이상한 이야기를 늘어놓는 것이 아닌가. 아뿔싸! 나는 너무 당황스러웠다. 그의 강의를 한 번도 제대로 들어보지도 않고 울산에 초청 강의를 했다는 사실에 마음이 불편해졌다. 강의 내내 나는 계속 언짢은 마음이었다.

하루 종일 듣는 강의였기에 중간에 도시락을 주문해 먹었다. 오후 수업을 시작할 무렵, 옆에 앉아 있던 동생이 배를 움켜잡으며 창백한 얼굴로 말했다.

"언니… 나… 밥 먹은 게 잘못됐나 봐…. 배가… 배가 너무 아파…. 병원 가야 할 것 같아…."

혹여나 내가 준비한 도시락 때문인가 싶어 나도 긴장되었다. 나는 얼른 동생의 배 위에 손을 대보았다. 차가웠다. 얼굴도 창백하고, 귀도 싸늘한 게 급체한 것 같았다.

"강사님, 죄송합니다. 지금 배가 너무 아프다고 해서 병원에 좀 다녀와야 할 것 같아요."

내가 다급하게 말하는데도 그는 전혀 당황하는 기색 없이 "아, 그래요? 그럼 제가 배 안 아프게 해드릴게요" 하고 대답하는 게 아닌가. 순간 나는 사람이 아프다는데 장난치는 건가 싶어 버럭 화를 냈다.

"아, 사람이 아프다는데 그렇게 말도 안 되는 말씀을 하면 어떡합니까?"

나의 쏘아붙이는 듯한 말투에 분위기가 싸해졌다. 하지만 나는 그런 분위기를 탐색할 여유가 없었고, 얼른 동생을 일으켜 밖으로 나가려 했다. 그러자 그가 나를 다시 잡으며 말했다.

"최해숙 대표님, 제게 잠시 시간을 좀 주십시오. 지금 안 믿어져서 그런다는 거 잘 알고 있습니다. 하지만 저한테 딱 5분만 시간을 주세요. 그러면 제가 직접 보여드리겠습니다."

내가 퉁명스러운 얼굴로 그를 올려다보자, 아픈 동생이 무안했던

지 5분만 있다가 가자고 내 팔을 끌었다. 그제야 상황 파악을 하고, 나는 아까의 내 말투도 미안해져서 넉넉히 10분 정도만 더 있겠다고 답하며 자리에 앉았다.

그러자 그는 아픈 동생의 손과 이마, 눈 밑, 턱 등 혈이 지나는 자리를 손가락으로 치기 시작했다. 분명 동생은 배가 아프다고 했는데 뭘 하는 건가 싶어 의심의 눈초리로 계속 지켜보았다. 혈을 치던 그는 마법의 주문이라도 외우듯이 외쳤다.

"비록 나는 배가 아프지만 나는 나를 사랑한다!"

그렇게 3분쯤 지났을까. 그는 아픈 동생에게 어떠냐고 물었다. 도대체 무슨 행동을 한 건지도 모르겠고, 그의 행동이 배 아픈 것과 무슨 상관인지 모르겠다는 사람들은 일제히 동생을 쳐다보았다. 반신반의하는 눈빛으로 모두들 동생의 대답에 집중했다. 그러자 아픈 동생은 본인도 믿기지 않는다는 듯한 표정으로 입을 열었다.

"언… 니… 진짜 아까보다 덜 아파…. 신기해…."

엥? 이게 무슨 말도 안 되는 상황이람! 그러자 그는 다시 '나를 사랑한다'라는 주문을 몇 번 외쳤고, 잠시 후 동생은 병원을 안 가도 되겠다며 수업이 끝날 때까지 별 탈 없이 앉아 있었다. 바로 눈앞에서 보고도 믿기지 않는 상황이었다!

나는 휴식 시간에 아픈 동생에게 혹시 짠 거 아니냐며 몇 번이고 물어보았다. 그리고 동생의 아랫배에 손을 갖다 대보았다. 그런데 싸늘했던 배는 아까와 달리 미지근한 온기가 있었다. 도대체 이게 뭐지?

수업은 마지막을 향해 달려가고 있었다. 마지막 시간, 새로운 나를 만나기 위해 부모, 형제, 가족, 타인 등 용서해야 할 사람들을 떠올려보라고 했다. 그리고 그중에서 한 사람을 골라 그 사람에게 듣고 싶은 말을 적으라고 했다.

아버지와 어머니, 나에겐 두 분 다 용서할 수 없는 존재들이었다. 형제들은… 내 자식 같은 소중한 두 명의 동생들에겐 오히려 내가 더 미안했다. 그리고 술에 찌들어 아버지와 같았던 남편, 남편에겐 용서라는 단어를 쓰고 싶지 않았다. 사실 그가 나에게 잘못했다기보다 내가 가진 상처 때문에 그를 힘들어했기에 내가 더 미안했다. 마지막으로 타인들, 그들은 내 삶에서 내가 사랑받고 있음을 느끼게 해주었기에 오히려 감사하지 않을 사람이 없었다. 절대 용서할 대상이 아니었다.

용서하지 못할 사람과 감사한 사람, 그럼 나는 누구를 선택해야 할까? 잠시 동안 나는 고민했다.

그러다 '엄마'라는 단어를 쓰고선 한참을 쳐다보았다. 우리를 지켜주지 못했던 엄마. 어린 나이에 나를 동생들의 엄마로 살게 했던 엄마. 엄마처럼은 살지 않으리라 다짐하게 했던 엄마. 원망스럽고 바보 같은 엄마를 쓰고 나는 그 단어를 한참 바라보았다.

뒤이어 강사가 그 사람에게 듣고 싶었던 말을 쓰라고 했다. 한참을 망설이다가 나는 '엄마'라는 단어 옆에 글을 써 내려가기 시작했다.

"숙아, 미안하다. 엄마가 못나서 미안하다. 엄마가 부족해서 너희를 지켜주지 못해서 미안하다. 숙아, 미안하다."

그랬다. 나는 엄마한테 '미안하다'라는 쓰고선 한마디를 듣고 싶었다. 순간 울음이 터져나왔다. 옆에 앉아 있던 아는 언니가 휴지를 건네주며 내 등을 토닥여주었다. 그러면서 '미안하다'라는 말이 잔뜩 쓰인 내 글을 읽어주었다. 흐느꼈던 내 감정은 폭발하고 말았다. 마치 엄마에게서 진짜 그 말을 듣고 있는 것 같았다.

수업이 끝나고 집으로 돌아가는 길에 나는 엄마에게 전화를 걸었다. 생전 전화 한 통 하지 않던 딸의 전화에 엄마는 반가워하는 기색이 역력했다.

"엄마!"

"와~ 안 바쁘나? 전화도 다 하고….."

"내가 오늘 무슨 교육 듣다가 엄마 생각이 났는데, 내가 엄마를 참 미워했었거든. 엄마처럼 안 살고 싶었다, 나는….."

뜬금없이 전화해 엄마가 싫다는 소리에 엄마는 당황했다.

"아, 그렇지…. 니가 내처럼 살면 안 되지….."

"근데 엄마, 엄마처럼 살고 싶지 않았는데, 내가 엄마한테 꼭 듣고 싶었던 말이 있었어."

"그게 뭔데?"

"엄마, 어릴 때 아버지가 우리 때릴 때 엄마는 왜 우릴 지켜주지 못했어? 왜 우릴 맞게 그렇게 내버려 뒀어? 내가 그 즐거워야 할 10대를 왜 동생들의 엄마처럼 항상 책임감에 짓눌려 살게 했어? 나 그래서 엄마가 미웠어."

엄마는 떨리는 목소리로 내 말에 대답했다.

"내가 왜 안 말렸겠노…. 너네 아버지 덩치가 좀 크나…. 너거 때 릴라고 불러 모을 때… 엄마는 하지 말라고 말리다가 먼저 맞아가 정 신도 잃었지…. 정신 차려보면 너희가 맞고 있는데, 내가 해줄 수 있 는 거는 도망가라고 문 열어주는 것밖에 없더라…. 내가 많이 미안했 다…."

흐르는 눈물을 입술로 먹으며 나는 말을 이어나갔다.

"엄마, 그래서 나는 엄마한테 미안하다는 말 한마디가 듣고 싶었 어. 지켜주지 못해서 미안하다, 그 한마디가 듣고 싶더라."

그러자 엄마는 기다렸다는 듯이 미안하다는 말을 했다.

"숙아, 미안하다. 왜 내가 안 미안하겠노. 엄마가 미안하다는 말할 염치도 없었지. 엄마는 늘 니한테 제일 미안하다…. 지켜주지 못해 서… 엄마가 무능하고 못 배워서… 엄마가… 진짜 미안하다…."

나는 그동안 엄마 앞에서 세워왔던 온갖 자존심을 모두 허물어버 리고 입을 열었다.

"엄마, 그동안 내가 오해해서 미안해…. 나 때문에 엄마가 많이 힘 들었재…. 나도 미안해…."

전화를 끊고 나는 38년 만에 엄마를 찾았다. 항상 곁에 있었지만 엄마라고 여기지 않았기에 혼자 세상을 감당해야 한다고 생각했다. 그런데 미안하다는 한마디로 오랜 세월 동안 가슴에 상처로 남아 있 던 분노와 원망이 거짓말처럼 한순간에 씻은 듯이 사라졌다.

엄마가 있다는 건 세상에서 가장 큰 선물이었다. 엄마가 어떤 모습 이든 내게 마음의 따뜻한 화로처럼 내 피부 속 깊이 온기가 전해져

오기 시작했다.

상처는 오래된 고질병처럼 씻을 수 없는 트라우마라고 생각하는 경우가 많다. 하지만 강의를 통해 나는 고질병, 트라우마도 결국은 자기 자신이 만든다는 것을 알게 되었다. 용기 내어 말하고, 있는 그대로 받아들임으로써 얻을 수 있는 것은 훨씬 많다는 것을 알게 되었다.

나를 찾는 여행

—

1. 당신의 부모님은 어떤 분이었습니까? 그분들이 당신에게 바라는 것은
   무엇이었습니까?

   _____

   _____

   _____

2. 당신이 가장 행복했던 순간은 언제였으며, 왜 행복했습니까?

   _____

   _____

   _____

3. 당신이 인생에서 힘들었던 순간을 떠올려보세요. 그 순간이 당신에게
   주는 의미와 교훈은 무엇입니까?

   _____

   _____

   _____

4. 인생의 황혼기에 당신은 사람들에게 어떤 사람으로 기억되고 싶은가
   요? 주변에 누가 있고, 당신은 어떤 모습입니까?

   _____

   _____

   _____

5. 정리해보니 어떤 생각과 느낌이 듭니까?

   _____

   _____

   _____

   _____

   _____

   _____

2장.

사람을 통해 삶을 배우다

당신은 사랑받기 위해
태어난 사람

마냥 즐겁지만은 않았던 어린 시절을 보내고 성인이 된 나는 예전과
별로 달라진 게 없었다. 집을 떠나 새로운 사람을 만나 결혼하면 마
냥 행복할 줄 알았는데, 남편의 사업 실패로 이번에는 동생이 아닌
한 가정을 책임져야 하는 경제적 가장이 되었다.

그럼에도 나는 항상 마음속으로 잘 살고 싶다는 열망이 가득했고,
꿈을 갖게 된 이후로는 삶에 대한 태도 역시 달라지기 시작했다. 외
적으로는 남루했지만, 내면적으로는 내 인생에 대한 자신감이 생긴
것이다. 나는 지금보다 더 성장할 것이고, 나의 미래는 훨씬 더 찬란
할 것이라는 믿음이 있었다.

IMF 여파로 빚더미에 안게 된 나는 승승장구하던 학원과 어린이
집을 다른 사람 손에 넘겨야 했다. 마침 학부모와의 관계가 돈독했던

터라 언니처럼 따랐던 한 학부모가 학원을 맡아주었다. 어렵게 마련했던 30평형대 아파트도 넘기고, 우리는 500만 원에 월세 30만 원을 내야 하는 단칸방으로 이사를 했다.

'당신이 저지른 일이니까 당신이 알아서 하겠지' 하고 아버지에 대한 원망에 이어 이번에는 남편에 대한 원망이 하루하루 커져갔다. 그리고 아무것도 하지 않은 채 방 안에서만 몇날며칠을 보내는 남편을 이해할 수가 없었다. 그런 모습을 보며 나는 남편 탓만 했다. 그 사람의 마음을 안을 여유조차 없었다.

그러던 어느 날 주인아주머니가 "새댁, 새댁~" 하며 나를 불렀다. 이유인즉 월세가 두 달이나 밀렸는데, 한 달만 더 밀리면 집을 빼라는 것이었다. 어이쿠! 나는 남편에게 그 사실을 전하려고 방으로 들어갔다.

그제야 현실이 눈앞에 보였다. 사람 잃고 돈 잃은 남편은 이미 무기력한 상태로 방에서 계속 누워만 있었고, 두 아들들은 나를 보면 배고프다고 칭얼댔다. 내가 이 집의 가장이구나 하는 사실을 알아차리는 데는 얼마 걸리지 않았다.

막막했던 현실 앞에서 마냥 주저앉아 있을 수만은 없었기에 나는 억대 연봉을 번다는 보험설계사 일을 시작하기로 마음먹었다. 폐차장에서 15만 원을 주고 낡은 중고차 한 대도 구입했다. 아는 사람도 없어서 혼자 콜센터에 전화해 사장님을 바꿔달라고 했다. 악덕한 민원인 줄 알았던 회사에서는 본사까지 전화를 돌리고 돌리다가 보험 일을 하고 싶어 한다는 말에 안도의 한숨을 내쉬었다며 지금도 내 목소리를 기억한다고 했다.

　나는 보험설계사로 일해야 했지만 아이를 종일반으로 보낼 돈이 없었다. 그래서 오후 2시가 되기 전까지 남들만큼 일해야 했고, 그러려면 점심을 거르고 일해야 했다. 당시 내가 가장 부러웠던 사람은 동료들과 밥 먹으러 가는 사람들이었고, 또 한편으로 이 급박한 시간에 일하는 만큼 벌 수 있는 일이 이 일인데 회사에서 수다를 떨고 동료들과 밥을 먹으며 시간을 보내는 사람들을 이해하기가 힘들었다.

　하루는 출근을 하는데 너무 배가 고팠다. 그날 나는 태어나서 처음으로 배고픔이라는 것을 느꼈고, 두 손까지 떨리는 현기증을 느꼈다. 예전에 할머니가 "배창지가 배에 붙을 만큼 굶은 적이 있었지" 하고 말씀하시던 게 이런 느낌인가 싶었다.

　나는 차 안을 탈탈 털어서 겨우 500원을 찾았다. 초코파이 두 개와 요구르트 한 개를 사먹을 요량으로 회사 앞 슈퍼로 갔다. 슈퍼 입구의 소쿠리에는 초코파이가 담겨 있었다. 나는 하나에 200원씩 하는 초코파이 2개를 들고 요구르트를 하나 꺼내려고 냉장고 앞으로 향했다. 그런데 아뿔싸! 요구르트가 5개 한 묶음으로 판매하고 있었다.

　'뭘 먹어야 배가 부를까? 초코파이를 두 개 먹으면 배는 부른데 목이 막힐 것 같고, 요구르트 한 줄을 모두 마시자니 금방 배가 꺼질 것 같고….'

　나는 냉장고 문 앞에 서서 한 손에는 초코파이 두 개, 또 다른 한 손에는 요구르트 한 줄을 들고 한참을 망설였다. 그러자 주인아주머니가 얼른 냉장고 문을 닫으라고 하는 소리가 들렸다. 나는 요구르트를 다시 냉장고에 넣고 초코파이만 두 개 사들고 황급히 나왔다.

차에서 초코파이 하나를 먹으면서 얼마나 울었는지 모른다. 나중에는 눈물이 입 안으로 흘러 들어가서 목이 마르지도 않았다. 너무 많이 울어서 눈도 붓고 화장도 다 지워져서 그날은 도저히 일을 할 수 없을 것 같아 결국 집으로 돌아왔다.

엄마가 일찍 돌아오자 아이들은 좋아했다. 그런데 당시 여섯 살이던 큰아들이 배가 아프다며 허리를 펴지 못했다. 배가 아프다니 병원을 가야 하나 걱정했는데, 알고 보니 배가 아픈 게 아니고 고픈 것이었다. 그 순간 아까 배가 고파 혼자 울면서 초코파이를 먹은 것이 너무나 애통하고 미안했다. 그래서 차에 남아 있던 초코파이 하나를 가져와 아이에게 건넸다. 아이들은 그 초코파이를 둘이서 반으로 나눠 먹었다. 눈물이 마를 날 없이 계속되었다.

그날 밤 나는 답답한 마음에 아이들을 재우고 차를 몰고 혼자 밖으로 나갔다. 어디에라도 가서 위로받고 싶었다. 어린 시절 나를 위로해주던 밤하늘의 별을 올려다보았다.

'나는 왜 이렇게 살아야 해…?'

그러자 별이 대답했다.

'너는 너희 아빠보다 더해. 너희 아빠는 널 굶기지는 않았잖아. 너는 엄마도 아니야….'

나를 위로해줄 거라고 생각했던 별은 오히려 나에게 더 큰 충격을 주었다. 별, 너마저 나를 버린 거구나 하는 생각이 들었다. 그렇게 증오하던 아버지보다 내가 더하다니….

이렇게 살 바에야 죽는 게 낫겠다는 생각이 들었다. 갑자기 휘몰아치듯 나를 감싸는 비운의 기운을 떨칠 수 없었다. 나는 시동을 걸고 담벼락을 향해 전진했다. 쾅! 차는 부서졌지만 불행인지 다행인지 나의 생은 거기서 마감되지 않았다.

나는 너무나 힘든 하루를 보냈지만 다음 날 해는 다시 떴다. 살아있으니 하던 일을 계속해야 했다. 왜 살아야 하는지 모르겠지만 일단은 먹고살아야 하니 보험회사로 출근했고, 전화를 걸기 시작했다. 솔직히 누군가에게 전화할 기분도 아니었다. 그래서 어린이집을 운영할 때 언니처럼 챙겨주던 학부모에게 전화를 걸었다.

바둑학원을 운영하던 언니는 수업 중인지 전화를 받지 않았다. 그런데 언니가 계속 전화를 안 받으니 언니의 휴대폰에서 흘러나오던 컬러링이 귀에 들어왔다.

"당신은 사랑받기 위해 태어난 사람~"

순간 나는 수화기에 귀를 더 가까이 댔다. 뭐라고, 내가 사랑받기 위해 태어난 사람이라고?

"지금도 그 사랑 받고 있지요~"

컬러링은 계속 울리고 나는 전화에 대고 흥분하기 시작했다.

"뭐라고? 내가 사랑받기 위해 태어났다고? 지금 받고 있다고? 말도 안 되잖아!"

어제까지 왜 내가 살아야 하나 하면서 죽으려고 했던 나에게 사랑받기 위해 태어났다니…. 나는 전화를 끊고 표정 관리가 안 된 채로 교육장으로 들어갔다. 그런데 어떤 생각이 가만히 머릿속을 스쳐 지나갔다.

'그래. 내가 내 삶을 포기할 순 있어. 하지만 내 아이들이 나와 같은 삶을 살 수도 있어. 그럴 순 없지. 우리 아들들만큼은 사랑받는 아이로 키울 거야.'

내가 어떤 삶을 살아야겠다고 선택한 순간 내 눈빛은 바뀌었다. 그리고 무언가 모를 에너지가 내 온몸에 퍼지는 게 느껴졌다.

'내 삶이 더 이상 예전처럼 반복되도록 내버려두진 않겠어. 나는 성공할 거야. 왜냐면 나는 사랑받는 사람이 되기로 선택했으니까.'

죽으려고 자동차로 담벼락을 향해 전진했던 다음 날, 나는 1분도 안 되는 짧은 시간에 내 인생의 주인이 되기로 선택했다. 그리고 마음가짐이 달라진 그때부터 일상의 소소한 것들은 전과 다르게 내게 다가왔다.

첫 고객, 나의 채권 추심자

그렇게 자신감을 회복한 나는 남편의 빚을 갚으라고 독촉하던 채권 추심 담당자를 찾아갔다. 마침 서류 중 주민등록등본이 누락되었다며 서류를 떼 오라고 해서 서류를 들고 그 사람을 만나러 갔다. 나를 보자 담당자는 이렇게 말했다.

"최해숙 씨, 원금에 이자가 얼만지 아시죠?"

"돈이… 없어요."

"아니, 돈 없다고만 하시면 안 되죠. 최해숙 씨가 남편분 보증을 섰으니 대신 보증 채무를 갚아야 해요."

"저도 갚고 싶은데… 돈이 없어요….."

나는 상대의 말에 점점 주눅 들고 있었다. 그러나 순간 내가 굳게 다짐했던 그 결심이 생각났다. '나는 내 인생이 예전과 같도록 내버

려 두지 않겠어. 나는 사랑받기 위해 태어난 사람이니까.'

"제가 그 돈 갚았으면 좋겠죠? 저도 얼른 갚고 싶은데 돈이 없어요. 그래서 돈을 벌려고 보험회사에 들어갔어요. 그래서 말인데요, 제가 돈 좀 벌게 도와주세요. 돈을 벌어야 저도 빚을 갚죠. 그 빚 저도 진짜 갚고 싶거든요. 그 빚 빨리 갚게 돈 좀 벌 수 있게 저 좀 도와주세요."

빚을 갚으라는 사람에게 오히려 돈 벌게 도와달라고 이야기하는 황당한 상황이었다. 그런데 어디서 그런 용기가 났는지 나는 또렷하고 당당하게 도움을 요청했고, 기적이 일어났다. 채권 추심 담당자는 나의 어떤 면을 보았는지 어느 보험회사냐고 묻더니 자신의 보험을 설계해보라고 했다.

그렇게 그는 나의 첫 고객이 되어주었다. 게다가 그 사무실에서 일하는 데 방해가 되지 않는 선에서 영업을 할 수 있도록 다른 동료들도 소개해주었다.

처음에는 내가 그의 고객이었다. 하지만 지금은 그가 14년째 나의 든든한 고객이 되어주고 있으며, 울산 K신용에 근무하면서 멋진 인생을 살고 있다. 내 인생의 조력자가 되어주신 권 팀장님에게 지면을 빌려 감사의 인사를 전한다.

자신감의 힘은 생각보다 세다. 자신감의 원천은 자신이 어떤 삶을 살아갈 것인지 선택하는 데서 시작된다.

보험설계사라는 직업의
가치를 깨닫다

보험회사에서 조회 중인 아침 시간에 친구인 S에게서 전화가 왔다. 바쁘냐고 묻는 친구의 목소리에는 기운이 없어 보였다. 말을 얼버무리던 친구는 친정아버지가 많이 편찮으시다는 이야기를 했다. "위암 4기인데…." 그러곤 말을 잇지 못했다. 심각하냐고 놀라서 되물으니, 온몸에 전이가 다 되어 지금 상황에서는 할 수 있는 게 거의 없다고 했다. 나는 가슴이 철렁 내려앉았다.

치료비 걱정에 보험 들어놨냐고 물어보고 싶었지만, 괜히 보험쟁이 티낸다고 오해할까 봐 꿀꺽 삼켰다. 아니나 다를까 친구가 먼저 이렇게 말했다. "내가… 내가 진짜 죽일 년이다. 아빠 보험 하나 안 들어놓고…. 진짜…." 친구는 흐느끼기 시작했다.

친구는 아버지의 현재 상태를 생각하면서 이제야 정신이 차려진다고 했다. 그러면서 엄마 앞으로라도 보험을 들고 싶다며 전화한 것이다. 친정어머니는 아버지가 항암 치료라도 받을 수 있는지 알아본다며, 해볼 수 있는 것은 모두 해보겠다고 서울로 갔다고 했다. 친구의 음성은 흐느끼다 못해 파르르 떨리고 있었다. 마음이 너무 아팠다.

친구의 슬픔에 고작 내가 할 수 있는 것이라곤 몇 마디의 위로뿐이었다. "니 탓 아니다. 죄책감 갖지 마라. 절대 니 탓 아니다." 내가 전화상으로 친구를 토닥이자, 친구는 그동안 혼자 겪었을 마음의 짐을 내려놓기라도 하듯 전화기를 들고 한참을 울었다.

S는 형편이 넉넉하지 못해 친정집 2층 건물에 살았다. 한집에 살면서 친정 부모님 보험도 하나 들지 못했다는 죄책감이 친구를 더 힘들게 했던 것 같다. 나는 친구의 어머니 보험을 알아봐 주겠다고 했고, 남편의 보험증권도 봐주겠다고 했다. 그렇게 S와의 인연은 친구의 관계를 넘어 내가 지켜주고 싶은 한 가정이자 고객으로 또 다른 특별한 인연으로 이어졌다. 결국 S의 아버지는 안타깝게도 치료를 다 받지 못하고 돌아가셨다.

친구들에게 이런 전화가 올 때마다 정말 안타깝다. 내가 해줄 수 있는 말이라곤 고작 네 탓이 아니라는 말뿐이고, 직면한 그 상황들을 친구가 지혜롭게 극복해가길 바라는 마음뿐이다. 그리고 한편으론 '네 탓이 아니야'라고 말하며 위로해줘야 하는 친구가 더는 생기지 않았으면 하고 바랄 뿐이다.

나는 보험설계사다. 나는 이 일을 단순히 생계를 위한 직업은 아니라고 생각한다. 사람들에게 행복한 미래의 삶을 대비하게 하고, 생

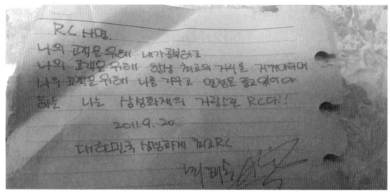
나는 보험설계사로서 사람들에게 행복한 미래의 삶을 대비하게 하고, 생명을 소중히 여기게 하는 매우 특별한 일을 하고 있음에 참 감사하다.

명을 소중히 여기게 하는 매우 특별한 일이라고 생각한다.

사실 나 역시 처음엔 보험설계사를 하면서 빚을 갚고 생계를 이어가야지 하는 마음으로 시작했다. 그런데 이 일을 하면서 한 명, 두 명 알게 된 고객들은 내 삶 깊숙이 들어왔고 내 인생의 전환점이 되었다. 사람들은 질병이 두렵고 병원비가 부담스러워 보험설계사인 나를 찾았다지만, 오히려 그게 모성애 강한 내 오지랖과 맞아떨어졌다.

나는 보험설계사로 일하면서 내 말 한마디가 다른 누군가에게 큰 힘과 위로가 된다는 사실을 알게 되었다. 누군가의 이야기를 들어줄 수 있고, 작지만 그를 도와줄 수 있는 힘이 있다는 사실이 기뻤다. 이 모든 것들이 평소 적극적인 내 성향과 잘 맞았던 것이다.

하지만 나 역시 아이들을 키우는 엄마인지라 염려가 되었다. 엄마가 보험설계사라고 하면 아이들이 부끄러워하지는 않을까 걱정되었다. 그래서 하루는 조심스럽게 초등학생인 아들들에게 물어보았다.

"엄마 말이야, 보험회사 그만두고 학원 원장 하는 게 나을까?"

그러자 두 아들은 조금의 망설임도 없이 보험회사를 다니라고 말했다. 이유를 들어보니 그럴 만했다. 엄마가 보험회사를 다니니 자기들이 원할 때면 언제든 올 수 있고, 학교에도 필요할 때 와줄 수 있다는 것이다.

무엇보다 내가 참 즐거워 보인다고 했다. 즐거워 보인다고? 보험설계사로 일하면서 행복함을 느꼈던 것은 사실이다. '나는 행복하다'라는 식의 자기합리화는 아니었다. 진심으로 행복하고 즐거웠다. 그 모습이 순수한 아이들의 눈에도 보였다니 신기했다.

고객들은 식당을 차리면 밥 먹으러 오라고 챙겨주었고, 가을이면 밤이며 복숭아를 바리바리 보내주었다. 그리 잘해준 것도 없는데 받기만 하는 것 같아 미안한 마음도 들었다. 한편으론 좋은 일이 생기면 기쁜 소식을 전해주는 그들의 마음도 한없이 고맙게 느껴졌다.

보험을 통해 나는 한 가정과 한 사람의 일생을 들여다본다. 그들의 삶 속에 들어가서 부부끼리 서로를 위하는 모습, 아들이 엄마를 위하는 모습, 엄마가 아이를 챙기는 모습, 그리고 내가 주는 작은 롤팩 하나에도 고맙다고 인사해주고 먼저 챙겨주는 마음에 어린 시절 한 번도 느껴보지 못했던 '내가 사랑받고 있구나' 하는 느낌을 받을 수 있었다. 보험을 설계하는 사람이지만 그 안에 고객이 가족으로 스며들고, 그 삶 속으로 내가 들어갈 수 있는 이 일이 나는 참 감사하다.

보험 가입하는 게 꿈이에요

직업으로서의 긍지가 아니라 보험은 누군가에게 진정 가치 있는 역할을 하는 매개물이라고 나는 생각한다. 그걸 일깨워 주는 몇 번의 순간들이 있었다.

친한 동생의 소개로 사회초년생인 J를 만난 적이 있었다. 취업한 지 채 1년이 안 된 스물세 살의 사회초년생인 J는 보험에 대한 설명을 듣기 위해 어머니와 함께 나왔다. 어머니가 딸인 J를 바라보는 눈에는 대견함과 사랑스러움이 그득했다.

팔짱을 끼고 들어오는 J와 어머니를 보니 아들만 둘인 나로서는 샘이 날 만큼 부러웠다. 이야기를 들어보니 J는 보험이 하나도 없는 상태였기 때문에 보험 하나로 치료비부터 진단비까지 모두 보장받고 싶다고 했다.

문제는 비용이었다. 10만 원 미만으로 가입하고 싶다고 했는데, 그녀가 원하는 내용들을 모두 적용해보니 생각보다 보험료가 많이 나왔다. 결국 3만 원을 추가로 더 넣을지 말지로 어머니와 가벼운 실랑이가 벌어졌다.

그녀는 돈을 추가로 더 내더라도 보장을 더 받고 싶어 했다. 하지만 그녀의 어머니는 나중에라도 딸이 보험료가 부담스러워질까 봐 추가는 하지 않았으면 하는 의견이었다. 나는 두 사람이 충분히 의논할 수 있도록 약간의 시간을 주었다. 그런데 어느 순간 J의 목소리가 커졌다.

"엄마, 나는 보험 넣는 게 소원이었어. 내가 벌어서 내가 넣을 건데 왜 자꾸 걱정이야!"

어머니의 얼굴에 약간 당황하는 기색이 비쳤다. 어머니는 나를 한 번 쳐다본 후 조심스레 다시 J에게 말을 건넸다.

"알지. 네가 넣는 거니까 네가 알아서 하면 돼. 근데 엄마는 네가 나중에 보험료 부담될까 봐 그러지. 돈이 있으면 엄마가 넣어주면 되지만 그게 아니니까 더 그래. 그리고 무슨 보험 넣는 게 소원이니? 이게 뭐라고⋯."

그러자 이번에는 J가 나를 보며 하소연하기 시작했다.

"언니, 저 언니 처음 보는데요. 저는요, 진짜로 제 손으로 보험 넣는 게 소원이었어요."

'보험 드는 게 소원'이었다는 그녀의 말에 나 역시 의아해졌다. 그녀는 눈물이 그렁그렁한 얼굴로 나를 보더니 말을 이었다.

"우리 집은 어렸을 때 통닭 한 마리 먹고 싶다고 하면 엄마가 항상 '다음에, 다음에…' 그랬어요. 돈이 없다 보니까 아빠 월급날 먹을 수 있지 않을까 했던 통닭도 매달 먹지는 못했어요."

그나저나 보험과 통닭이 무슨 상관일까, 하고 생각했다.

"그런데 우리가 먹고 싶다는 거 사줄 돈도 없는 부모님이 10만 원 넘는 돈으로 두 분 보험을 가입하셨더라고요. 그래서 제가 엄마한테 내 보험도 있냐고 물었더니 아무 말씀도 안 하시더라고요. 알고 보니 부모님들 보험만 들었더라고요. 그래서 화가 났어요. 그때부터 나중에 돈 벌면 꼭 내 손으로 보험을 넣어야지 하고 생각해왔어요."

J의 이야기에 갑자기 분위기가 숙연해졌다. 잠시 숨을 고르던 J가 계속 말을 이었다.

"그런데 알고 보니 부모님이 그렇게 두 분 보험만 들었던 데는 다 이유가 있었더라고요. 없는 살림에 혹시라도 엄마 아빠가 먼저 돌아가시면 우리에게 장례비 빚이라도 떠넘겨질까 봐 걱정되셨던 거죠. 이제야 그 마음을 알겠어요. 사람이 살다 보면 무슨 일이 생길지 모르잖아요. 요새 세상도 얼마나 험해요. 솔직히 지금 우리 집에 돈 버는 사람이 저밖에 없어요. 그런데 혹시나 제가 잘못되면 어떻게 해요? 자식이 부모보다 앞서 가는 것도 불효인데, 요즘은 장례비만 해도 2,000만 원 넘게 든다고 하잖아요. 제 장례비까지 엄마 아빠한테 빚으로 드리는 거잖아요. 그래서 혹시라도 저한테 큰일이 생기면 우리 엄마 아빠 힘들지 않게 돈이라도 많이 나왔으면 좋겠다고 생각했어요."

이런 사연을 이야기하면서 J는 끝내 눈물을 보였다. 딸의 우는 모습을 보자 그녀의 어머니도 눈시울이 붉어지기 시작했다. 하지만 차마 그런 모습을 보여주고 싶지 않으셨는지 작은 목소리로 딸을 토닥이며 나무랐다.

"너는 무슨 말도 안 되는 그런 소리를 하나?"

아이들에게 부담을 주게 될까 봐 힘들게 보험을 들었던 부모님. 그리고 혹시 자신이 먼저 죽으면 부모님이 그 빚을 모두 떠안게 될까 봐 보험을 넣는 게 소원이었다고 말하는 스물세 살의 아가씨. 서로를 걱정하는 그 마음에 나도 따스한 기운을 받는가 하면 한편으론 참 먹먹하기도 했다.

J와 그녀의 어머니를 만나고 돌아오는 길에 나는 이런 생각이 들었다. '아, 내가 이런 일을 하고 있구나. 부모와 자식 간에 서로 짐이 되지 않기 위해, 서로를 위하는 마음을 이런 방법으로 전달하는 그 일을 내가 해주고 있구나. 이 일이야말로 정말 가치 있는 일이구나.'

내가 이 일을 하고 있는 게 참으로 다행이고 감사하다고 생각한 하루였다.

이 한마디 전해줄 수 있겠나

- 정동희 고문

나의 멘토 중 한 분은 정동희 형부다. 친한 자미 언니의 남편으로 만나 내 평생의 멘토로 모시게 된 사연이 있다.

자미 언니는 아들의 초등학교 운영위원을 하면서 만났는데, 언니는 처음 나를 '싸가지 없는 사람'으로 생각했다고 한다. 이유를 들어보니 이랬다. 운영위원회의가 끝나면 선생님들과 식사하고 차도 마시면서 여유 있게 시간을 보낸다. 그런데 제일 나이가 어린 나는 늦게 회의에 참석해서는 운영회의만 딱 진행하곤 식사 자리로 이동하려면 바쁘다는 이유로 거절했다. 또 교장선생님 말씀에도 이치에 맞지 않는다는 생각이 들면 "왜 예산은 공부 잘하는 애들에게만 쓰시죠?"라고 대들기 일쑤였으며, 주변 사람들에게도 사무적으로 대하는 모습을 보고 '재수 없다'라고 느꼈던 것이다.

그도 그럴 것이 나는 대부분 일하다가 회의에 참석해야 했다. 그래서 회의 마치는 시간에 맞춰 다음 일정을 잡아놓는 경우가 많아 끝나면 바로 이동해야만 했다. 그런 내 사정을 알 수 없으니 오해할 만도 했다. 하지만 이후엔 오해가 모두 풀렸고, 자미 언니는 내 양언니가 되어 서로 보고 싶어서 안달이 나는 언니 동생 사이가 되었다. 참 순수하고 해맑고 긍정적이고 성품도 따뜻한 언니는 나와 세상에서 둘도 없는 인연이 되었다.

나는 자미 언니네 부부가 참 부러웠다. 언니와 형부의 부부애가 너무 아름답기 때문이다. 예전에 함께 포항에 갈 일이 있었는데, 언니가 만개한 벚꽃을 열심히 찍어댔다. 왜 그렇게 열심히 사진을 찍느냐고 물어보니 형부에게 보여주고 싶다는 게 언니의 대답이었다.

언니가 메시지로 형부에게 벚꽃 사진을 보냈더니 형부가 바로 답장했다. "여보, 꽃이 너무 아름답군요. 하지만 나는 벚꽃보다 자미 꽃"이라는 답장이 왔다. 언니와 형부의 애정 행각에 "아고, 유치해!"라고 했지만 내심 너무 부러웠다. 이들 부부를 보면 나도 참 행복해진다.

그런데 한번은 언니가 운동을 갔는데, 지인이 보험회사에 들어갔다고 했다. 언니는 보험을 하나 넣어줘야겠다고 생각했지만, 당시에도 보험료가 200만 원 넘게 들어가고 있던 터라 어떤 것을 더 넣어야 할지 모르겠다며 보험증권을 보자기에 싸서 나를 찾아왔다. 보자기를 양손에 든 언니를 보고 처음엔 잡상인인 줄 알고 총무가 막아섰던 웃지 못할 해프닝도 있었다.

언니가 싸온 보자기를 펼치니 보험증권이 20개 가까이 있었다. 언니네는 5인 가족이라 보험료가 250만 원 정도 되나 보다 했다. 그런데 살펴보니 이상했다. 아이들과 형부의 보험은 하나도 없고 죄다 언니의 보험이었다. 주변에 보험설계사도 많았을 텐데, 기존에 어떤 보험에 가입되어 있는지 체크도 안 하고 보험 계약만 했단 말인가. 기가 찼다.

"언니, 언니가 이 집 가장이야? 언니가 사망하면 사망 보험금만 몇억이야. 근데 형부 보험이 하나도 없어. 어쩌려고 그래?"

언니는 세상이 하도 험하고 불안하니까 보험이라도 넣어두고 마음의 안정을 찾고 싶었다고 말했다. 나는 언니에게 보험료가 너무 과하니 보험료를 조금 정리하는 게 좋겠다고 제안했다. 물론 소득이 되니까 상관은 없지만, 보험료를 줄여서 형부 보험을 먼저 가입하자고 제안했다. 그런 다음 같은 돈으로 언니의 연금과 적금, 자녀 보험과 형부 보험까지 리모델링해서 다시 플랜을 짜주었다.

"줄인 돈은 적금에 넣어, 언니. 5년에 5,000만 원에서 1억 만들어보자. 보장성 보험으로 넣고, 한 달에 166만 원을 5년 넣으면 원금만 해도 1억이야. 83만 원을 5년 넣으면 5,000만 원이고."

내 이야기를 듣고 언니의 표정이 한결 나아졌다. 보험 가입을 위해 형부 사인이 필요하다고 했더니 직접 설명해주라고 했다. 그때까지만 해도 형부가 울산에 있는 대기업 H의 임원인 줄도 몰랐다. 나는 처음으로 대기업 임원 사무실에 가본다는 설렘에 물어보니 언니는 이렇게 대답했다.

"형부 사무실이 정말 아름답고 멋지거든. 그 사무실에 너무 멋지고 잘 어울리는 한 남자가 있어. 그 남자가 바로 내 남자야."

형부를 만나러 가던 날 나는 가슴이 벌렁거렸다. 한자로 쓰인 사무실 이름을 잘 읽지 못해서 남의 방을 세 군데나 열어보고 물어물어 겨우 형부의 방을 찾았다. 문을 열며 들어서니 형부가 반갑게 맞아주었다.

"언니한테서 전화가 왔는데 묻지도 따지지도 말고 사인하라던데, 뭔가?"

형부의 말에 나는 보험료 250만 원을 줄이고 그곳까지 찾아가게 된 사연을 이야기해주었다. 형부는 깜짝 놀랐다. 보험료가 그 정도로 나가고 있다는 사실을 몰랐던 모양이다.

"그거 내 통장으로 나가나? 아니 이 사람이 말이야, 나를 먹여 살려야지 보험회사를 먹여 살리네" 하더니 형부가 웃었다. 설명을 마치고 사인을 받으려고 내가 청약서를 꺼내자, 형부는 몸을 뒤로 젖힌 채 눈을 감았다. 순간 내가 너무 부담을 준 건가 싶어 3초 정도 형부를 바라보다가 입을 열었다.

"형부, 부담스러우시면 가입 안 하셔도 괜찮아요. 저는 단지 언니가 내는 250만 원이라는 보험료를 좀 더 효율적으로 쓸 수 있도록 컨설팅한 거니깐 보험 가입에 대한 부담감은 갖지 마세요."

내 말이 끝나자마자 형부는 눈을 딱 뜨더니 말했다.

"그러면 해숙 씨, 내가 사인을 할 테니 내 부탁 하나 들어줄 수 있겠나?"

생각지 못한 형부의 대답에 나는 어떤 말이 나올지 사뭇 긴장되었다.

"네, 형부. 대신 제가 할 수 있는 부탁으로 해주세요."

내가 너스레를 떨자 형부가 말을 이었다.

"언니가 보험을 이렇게 많이 든 이유는 아마 나 하나만 믿고 살아가기엔 세상이 너무 불안했던 모양이야. 그러니 시키는 대로 사인을 할 테니 언니에게 가서 이 한마디만 전해주게. '언니, 형부는 내가 하라는 대로 다 사인했어. 그러니 앞으로 언니는 절대 아무 걱정하지 말고 형부만 믿고 남은 인생 행복하게 살기만 해'라고 전해줄 수 있겠나?"

순간 나는 가슴이 철렁하는 걸 느꼈다. 형부는 언니가 왜 이렇게 보험에 많이 가입하게 되었는지 그 마음을 읽은 것이다. 그때 나는 처음으로 사람이 크게 감동을 받아도 가슴이 철렁하는구나 하는 것을 알았다. 순간 형부 뒤로 후광이 비치는 듯했다. 그 사무실에 있는 커피잔부터 테이블까지 모든 것이 달라 보였다. 순간 언니가 했던 말이 떠올랐다.

"형부, 제가 사무실 오기 전에 언니가 너무 멋진 사무실에 거기 어울리는 한 남자가 있다고 해서 엄청 기대하고 왔거든요. 다를 줄 알았는데 사무실이 너무 평범해서 조금 실망했어요. 그런데 형부가 하신 이야기를 듣고 나니깐, 왜 언니가 이 멋진 사무실에 어울리는 내 남자가 있다고 했는지 알 것 같아요. 형부, 너무 멋있으세요."

내가 받은 건 보험 청약서지만 보험 계약을 했다는 기쁨과는 또 다른 뜨거운 감정이 올라와 눈물이 났다. "세상에 저런 남자도 있구나"

하는 소리가 나도 모르게 흘러나왔다. 그날 이후 형부는 나의 소울멘토가 되어주었다.

그날 나는 사람과 사람 사이의 관계에서 중요한 보물을 하나 발견했다. 말하지 않아도 그 사람이 왜 그렇게 행동했을까 그 이유를 먼저 생각해보고 그 마음을 안아주는 것, 바로 어마어마한 포용력이었다. 형부는 그런 분이었다. 이후에도 형부는 따뜻한 성품으로 많은 사람들에게 희망이라는 메시지를 주는 행적을 남겼고, 한마디 말과 한 가지 생각으로도 많은 사람들에게 귀감이 되는 리더가 되었다.

그러고 보면 세상에는 멋있는 사람들투성이다. 아주 형편없는 사람도 있지만 우연히 이런 아름다운 사람들도 만나게 된다. 어떻게 하면 이런 사람들을 곁에 둘 수 있을까? 방법은 딱 하나, 자신이 그런 사람이 되면 된다. '유유상종(類類相從)'이라고 비슷한 사람은 같은 부류의 사람에게 끌리게 되어 있다.

스스로 훌륭한 성품을 발전시킨다면 나의 매력을 알아주는 사람이 있을 것이다. 그렇다고 무조건 훌륭한 사람이 되어야 한다는 것은 아니다. 하지만 좋은 사람들은 어떤 형태로든 서로에게 끌리게 되어 있다. 그런 매력적인 사람이 되겠다고 목표를 정하는 것도 충분히 훌륭하다고 생각한다. 그러고 보면 난 참 복이 많은 사람이다.

암 보험을 가입한
베지밀 청년

물류사업을 하는 지인이 새로운 기사분이 들어왔다고 운전자보험을
가입해달라고 연락해왔다. 사장님 사인을 받고 다음으로 기사님 사
인을 받기 위해 전화를 했다. 차량을 운전하는 분들은 계속되는 운전
과 이동에 통화도 힘들고 약속을 잡기도 힘들다. 어렵게 저녁 9시에
물류회사 주차장 근처 편의점에서 만나기로 약속을 잡았다. 집에 들
러 부랴부랴 애들 밥을 차려주고 겨우 약속 장소에 도착했다.

주차장 앞에 도착해보니 검은색 모자를 쓴 덩치 좋은 몇 분이 보였
고, 마치 '도둑들'처럼 느껴졌다. 조심스레 한 분에게 다가가 Y 기사
님이 맞느냐며 인사를 나누었다.

인사가 끝나자 그 기사분은 갑자기 품 안쪽으로 손을 넣더니 뭔가
를 뒤적거렸다. 나는 짐짓 놀라 뒤로 한 발 물러섰다. 뭐지? 그는 품

안에서 뒤적뒤적하더니 '베지밀' 한 병을 꺼내 나에게 내밀었다. 나는 너무 놀라 물었다.

"어머, 뭐예요 기사님?"

"9시에 오신다고 하셔서 식사를 못 하시고 오실 것 같아 하나 샀어요. 저도 일하다 보면 밥 먹을 시간도 없거든요. 그래서 같이 샀죠. 같이 먹으려고 했는데, 너무 배가 고파서 먼저 마셔버렸네요. 기다리다가 식을까 봐 품 속에 넣어 데우고 있었어요. 조금 식었는데 괜찮네요. 어서 드세요."

좀 전까지 외모만으로 편견을 갖고 있던 나 자신이 부끄러워졌다. 그리고 한편으로 그가 참으로 고마웠다. 나는 덩치가 커서 처음엔 그를 오해했다며 미안하다고 내 속내를 다 이야기했다. 그러면서 사인을 받고 돌아서는데 그가 다시 나를 불렀다.

"저기요, 혹시 암 보험도 해요?"

"네, 그럼요. 암 보험 가입하시게요?"

그는 예전에 보험에 가입했는데, 2년 전에 모두 해지했다고 말했다. 나는 그의 말을 듣고 보험 설계를 해줘야겠다고 생각했다. 그래서 최소한 실비와 암 보험은 들어야 한다며, 나이도 있고 화물차도 운행하니 보험료가 조금 들 거라고 이야기해주었다. 그러고 나서 왜 보험을 가입하려 하는지 물어보았다. 이는 고객이 보험이나 적금에 가입하려고 하면 내가 반드시 묻는 질문 중 하나다.

"3년 전에 사업이 망해서 죽으려고 했어요. 그래서 보험을 해지하고 죽으려고 약을 먹고 자살 시도를 했어요. 눈을 떠보니 어머니가 옆에 계시더라고요. 그때 이후 어머니 때문에라도 살아야겠다는 생각이 들었어요. 그래서 열심히 살아야지 다짐했죠. 그런데 인생 다 때려치우고 죽으려고 했다가 막상 살아났는데… 어머니가 암이라고 하더군요. 내 보험, 어머니 보험을 다 정리한 뒤라 돈이 하나도 없었어요. 그래서 생활비라도 벌기 위해서 이 일이라도 해야겠다고 생각했어요.

그런데 가만히 생각해보니 내가 운전을 하다가 잘못되기라도 하면 어머니는 암 치료를 받을 수 없게 되잖아요. 게다가 혹시라도 유전으로 내가 암에 걸리면 치료비를 감당하지 못할 텐데, 그런 최악의 상황을 대비하고 싶어요. 제가 살려고 하니깐 보험이 필요하더라고요. 죽으려고 할 때는 보험이 제일 싫었거든요. 내 돈 원금도 못 받고 제일 원망스러웠어요. 그런데 살려고 하니깐 어머니랑 나를 지켜줄 수 있는 게 보험밖에 없겠더라고요."

나는 그의 사연을 듣고 암 보험을 설계해 그를 다시 만났다. 이후 그와는 암 보험과 실비 보험을 계약했다. 그의 어머니는 암 투병 중이라 계약을 하지 못했다. 대신 자신에게 무슨 일이 생기면 어머니가 계속 치료를 받을 수 있도록 계약했다.

사실 많은 고객들은 자신의 가족과 가치, 삶의 희망을 보험에 건다고 할 수 있다. 따라서 보험설계사들은 자신이 얼마나 가치 있는 일을 하는지 깨달았으면 좋겠다. 베지밀 청년의 경우 나 또한 단순히 보험설계사가 아니라 사람 살리는 일을 했다는 생각이 든다. 보험설계사로서 항상 느끼는 것이 있다. 바로 '한 가정을 살렸구나' 하는 것이다.

베지밀 청년을 만나고 돌아오던 그날 나는 가슴이 뭉클하고 찡했다. 그리고 베지밀을 볼 때마다 고마운 마음이 들었다. 그래서 다음에 만났을 때 귤 한 박스를 보내면서 '베지밀에 이자 쳐서 보냅니다. 어머니랑 같이 드세요'라고 했다. 그는 고맙다며 좋아했다.

처음엔 '도둑놈' 인상이라 생각했는데, 모든 것은 생각의 반전에서 일어난다. 외모로 사람을 평가하는 일은 없어야겠다고 다시 깨달은 사건이었다. 중요한 것은 그 사람의 됨됨이다.

8개월 아이의 돌잔치

중학교 선후배로 만난 소중한 인연 중에 J 언니가 있다. J 언니와는 중학교 때부터 알고 지내던 사이인데, 언니는 결혼하고 10~11년 만에 임신을 했다. 그동안 반려견만 키우던 언니가 임신 소식을 전해주었을 때 나는 진심으로 축하해주었다.

그런데 환절기였던 탓일까? 언니는 감기에 걸려 계속 기침을 했다. 10년의 기다림, 너무 귀하고 어렵게 얻은 아이라 언니는 더 염려하고 조심하는 것 같았다. 약도 안 먹고 태교를 했다. 하지만 기침이 너무 심해져 숨이 차올랐던 언니는 병원을 가보았다.

언니에게서 전화가 왔다. 검사를 받고 결과를 기다리며 초조해하는 목소리였다. 그때까지만 해도 몰랐다. 그냥 기침이 좀 심해서 병원에 갔던 것이고, 임신 중이라 더 초조해서 나한테 전화한 것이라고

만 생각했다. 그런데 며칠 후 언니가 폐암 진단을 받았다는 사실을 알게 되었다. 치료를 위해서는 아이를 포기해야 한다고 했다.

그러나 이미 뱃속 아이의 태동을 느낀 언니는 아이를 포기하고 싶지 않아 했다. 언니의 의지는 결연한 듯했다. 그런 언니를 보며 나역시 눈시울을 붉힐 수밖에 없었다. 결국 언니는 우리나라에서 최초로 임신 중 암 수술을 하기로 결심했다. 대단히 큰 수술이었고, 용기가 필요한 일이었다.

언니가 수술대에 올라간 날, 나는 심장이 조여오는 듯했다. 멀리떨어져 있었지만, 행여 안 좋은 소식이라도 전해질까 봐 얼마나 마음을 졸였는지 모른다. 전화가 울릴 때마다, 문득문득 생각이 떠오를 때마다 예민해져 있는 나를 발견할 수 있었다.

정말 다행스럽게도 언니의 수술은 무사히 잘 끝났다! 아이도 무사히 출산했다. 태어난 아이를 위해 언니는 더 열심히 생을 이어가려 노력했다. 열심히 항암 치료를 받았고, 용하다는 약들을 처방받아 치료에 매진했다. "우리 아들이 나를 살렸다. 우리 아들 보려고 나 견딘 거야." 언니가 늘 하는 말이었다.

아이가 태어난 지 8개월쯤 되었을 때다. 만날 때면 늦게 얻은 아들의 재롱 이야기를 하느라 말을 끊을 줄 몰랐던 언니가 처음으로 걱정스런 목소리로 전화를 했다.

"해숙아, 저기…."

쉽게 말을 꺼내지 못하는 언니에게 무슨 일이냐고 캐물었다.

"실은 나… 암이 신장으로 전이돼서 재수술하고 요양원에 가야 할 것 같아. 재수술해도 병원비 나오는지 궁금해서….”

병원비를 걱정하는 언니에게 병원비 걱정은 하지 말라며 보상 내역을 알려주었다. 그러자 언니는 말을 이어갔다.

“그래서 재수술하기 전에 우리 아들 돌잔치라도 하려고….”

언니의 말에 나는 억장이 무너지는 것 같았다. 아이에 대한 언니의 사랑을 고스란히 느낄 수 있었지만, 언니의 건강이 염려스러워 나는 한동안 일이 손에 잡히지 않았다.

아이의 이른 돌잔치는 그렇게 이루어졌다. 아직 걸음마도 못하는 8개월 된 아이의 돌잔치였다. 돌잔치에 오는 사람들의 표정은 두 갈래로 나뉘었다. 하나는 엄마를 걱정하는 마음이 역력한 언니네 지인들과 친정 가족들의 모습이었고, 또 다른 하나는 아들을 걱정하며 아이 엄마를 원망하는 듯한 아이 아빠 가족들의 얼굴이었다. 양쪽 모두의 마음이 이해되었기에 나는 내내 마음이 쓰였다.

돌잔치라 분위기를 띄우기 위해 사회자는 농담을 하고 춤도 췄다. 하지만 생사를 알 수 없는 큰 수술을 앞둔 언니를 걱정하는 사람들의 표정은 쉽게 밝아지지 않았다. 내 인생에서 결코 잊히지 않는 만감이 교차하는 돌잔치였다. 그렇게 돌잔치가 어느 정도 마무리되고 모두들 돌아가려는 그때, 갑자기 언니가 마이크를 잡았다!

“저희 아들 돌잔치에 와주셔서 정말 감사합니다. 꼭 수술 잘 마치고 건강한 모습으로 이 착한 아이의 엄마로 다시 돌아오겠습니다. 제가 돌아올 때까지 우리 아들 잘 부탁드립니다.”

숨이 찬 목소리에 떨리고 더듬대는 단어들, 언니의 마지막 인사에 모두들 진심으로 언니의 수술이 잘되기를 기원했다. 그런 언니를 보면서 나는 슬픔과 걱정에 한참을 울었다.

그렇게 언니는 재입원을 하고 수술을 했다. 수술한 이후에도 언니는 힘든 약물 치료, 방사선 치료를 하면서 절대 힘들다고 말하지 않았다. 아들을 위해 생의 끈을 놓을 수 없는 언니의 마음을 알기에 나는 소식을 들을 때마다 무거운 마음을 내려놓을 수가 없었다.

다행히 병원비, 약제비 등 전에 가입해둔 보험 덕분에 치료비 걱정은 없었다. 그럴 때마다 언니는 "네가 보험을 한다고 해서 그냥 넣었던 건데, 그 보험이 날 살릴 줄 몰랐다"라며 나에게 고마워했다.

한편 나는 언니의 보험 책임자로서 언니의 진단서를 보게 되었다. 그리고 알게 된 충격적인 사실! 언니의 병명이었다. 암 세포는 폐암에서 전이되어 신장암, 혈액암, 골수암 등 이미 온몸에 전이되어 언니를 괴롭히고 있었다. 참담한 심정이었다. 언니는 그 엄청난 고통을 아이를 위해 참고 또 참아냈던 것이다.

얼마 전 결국 언니는 더 이상 아픔 없는 곳으로 멀리 떠났다. 그러고 보니 언니는 아이를 위해 임신부터 5년을 버텨왔다. 그 인내의 시간들로 언니는 아들의 생명을 지켜주고 있었다. 그리고 생전에 자신이 받은 보험료로 아들을 위해 3만 원짜리 건강보험을 가입했다.

아직까지 엄마의 부재를 알지 못하는 아이는 훗날 엄마가 남겨둔 보험으로 엄마의 마음을 확인할 것이다. 보험설계사로 일하면서 생명의 고귀함을 누구보다 잘 알기에 나는 엄마의 마음을 전하는 매개체로서 그 아이가 누구보다 잘 자랐으면 하는 마음을 모아본다.

내 자식에게 뿌리를
주고 싶어요

자녀 보험을 가입하고 싶다고 연락이 와서 고객을 만나러 갔다. 재혼한 가정이었고, 자녀가 4명이었다. 차를 대접하겠다며 일어서는데, 앉은키와 일어난 키가 별반 차이가 나지 않는 분이었다. 알고 보니 척추 장애가 있는 분이었다.

자녀 보험을 가입하고 나서 그녀는 엄마인 자신이 가입할 수 있는 보험은 없냐고 물었다. 사실 척추 장애인은 보험 가입이 되지 않는다. 어떻게 하면 좋을까 고민이 되었다. 그런데 그녀는 '질병' 파트만이라도 가입하게 해달라고 사정을 했다. 허리가 틀어진 것 때문에 위도 안 좋아져 위궤양 약을 먹고 있다고 했다. 집안이며 자신이 처한 상황을 이야기하는데, 이야기를 들으면 들을수록 조건에 맞는 보험에 가입할 수 없는 상황이었다.

"고객님, 힘 좀 써볼게요. 위궤양 약을 드시고 있다고 하시니 질병도 힘들고, 상해도 가입이 힘들어요. 지병도 있으신 것 같아 어려울 수 있을 것 같아요. 하지만 어떤 다른 방법이 있는지 최대한 알아볼게요."

그 말을 하고 그녀와 헤어졌다. 하지만 사실 자신이 없었다. 현재 약물도 복용 중이고, 장애도 있으시니 쉽지 않겠다는 생각에 고민이 이어졌다. 그런데 그날 저녁 그녀에게서 메시지가 왔다.

"해숙 씨, 우리 아이 둘은 뿌리가 없습니다. 아시다시피 우리는 재혼가정입니다. 남편의 아이 둘은 친척이 있지만, 우리 아이들은 제가 없으면 아무도 없습니다. 제가 혹시라도 잘못되면 우리 아이들은 뿌리 없는 나무 신세가 됩니다. 혹시 저한테 무슨 일이 생긴다면 제 뼈가 가루가 된다 해도 우리 아이들에게 뿌리를 주고 싶습니다. 제발 보험에 가입하게 해주세요."

마음이 아팠다. 고민도 많이 되었다. 다음 날 심사를 올리고, 어떻게든 해달라고 회사에 졸라봤지만 잘 안 되었다. 결국 가입할 수 있는 것은 딱 하나 상해사망보험뿐이었다.

어머니에게 전화해 상해사망보험밖에 가입이 안 되는데, 차라리 보험을 넣으려고 한 돈을 저축을 하면 어떻겠느냐고 제안했다. 하지만 '2억 보장에 매월 17만 원'이라는 보험금 이야기를 듣고 어떻게든 보험금을 마련해 가입하고 싶다고 했다. 지금까지 보험설계사로 일하고 보험을 설계하면서 이렇게 말도 안 되는 보장으로 보험을 가입하게 하는 건 처음이었다.

결국 그녀의 뜻대로 보험을 계약하고 오는데 감사의 메시지가 왔다. 같이 자식을 키우는 엄마로서 마음이 미어지는 듯했다. 그녀가 가입한 보험은 상해사망만 보장받는 단순한 보험이었다. 하지만 그녀의 아이들은 자라면서 엄마의 마음을 알게 될 것이고, 그 보험은 아이들에게 평생 남는 자산이 될 것이다. 또한 벼랑 끝에 서 있는 그 가족에게 결코 세상에서 소외되지 않았음을 알려주는 희망의 증거가 될 것이다.

가치를 찾는 질문

—

1. 당신이 존경하는 사람은 누구입니까? 그분의 어떤 면을 존경합니까?

_____

_____

_____

2. 당신이 가장 자랑스러웠던 순간은 언제입니까?

_____

_____

_____

3. 당신이 성공한 경험은 무엇입니까? 성공을 만든 내면의 힘은 무엇입니까?

_____

_____

_____

4. 힘든 순간에 배운 교훈은 무엇입니까? 새롭게 발견한 가치는 무엇입니까?

_____

_____

_____

_____

_____

_____

3장

나는 꿈을 파는 드림맘이다

새로운 시작은
현재의 결핍에서 시작된다

"보험도 하는데 어떻게 강사를 하게 됐어요?"

나를 아는 사람들마다 한 번씩 하는 질문이다. 대부분은 보험 영업을 하니까 말을 잘해서 강의도 하나 보다 생각한다. 그런데 내가 처음 강의를 시작하게 된 계기는 아들과의 관계를 개선하기 위해서였다.

나와는 성격이 다른 두 아들은 주말이 되어도 밖에 나갈 생각을 하지 않았다. 항상 밖으로 돌아다니고 사람 만나는 걸 좋아하는 외향적인 나는 내성적인 두 아들이 걱정스럽기까지 했다.

하루는 일하고 돌아오니 초등 고학년이 된 큰아들이 소파에서 바느질을 하고 있었다. "근우야, 뭐 해?" 하고 다가가서 묻자, 학교 특활 시간에 십자수반에 들어가게 되었다는 것이다. 한자리에 가만히 있는 것도 힘들어하는 나는 웬 남자아이가 십자수인가 싶었다. 그래서 혹시 다른 특활을 신청했는데 떨어져서 그 반으로 가게 된 거냐고 다시 물어보았다. 그런데 아들은 아니라고 했다. 자기는 처음부터 십자수반을 지원했고, 다음 숙제 때문에 지금 자수를 놓고 있다는 것이었다.

'무슨 남자아이가 십자수를 한다고….'

나는 속으로 핀잔을 삼키고 간식거리를 준비했다. 잠시 후 둘째아들이 하교하고 집으로 들어왔길래 특활은 어떤 것으로 신청했냐고 물었다. 그런데 둘째아들이 "나? 십자수 했는데?" 하는 게 아닌가.

그러자 큰아들이 반가워하며 자기도 십자수반이라며 같이 하자고 둘째를 불렀다. 그러더니 남자아이 둘이서 소파에 나란히 앉아 십자수를 뜨고 있는 것이 아닌가. 외향적인 나로서는 아들 둘이 십자수를 뜨고 있는 모습을 보는데 기가 찼다. 아들이 둘이면 하나는 나를 닮아야지 어찌 둘 다 저렇게 참할까 걱정되었다.

시간이 좀 흘러 큰아들은 중학생이 되었고 전과 좀 달라졌다. 주말이라 같이 나가자고 했더니 그냥 방에 있겠다고 했다. 무슨 일 있냐는 내 물음에도 아이는 그냥 아무것도 아니라며 엄마 혼자 다녀오라며 방문을 닫고 들어갔다. 그 모습에 나는 적잖이 충격을 받았다. 도대체 무슨 일이지?

아무리 꼬여도 안 되고, 나가자고 졸라도 아이는 망부석이었다. 도대체 방구석에서 혼자 있는 게 뭐가 그리 좋다고…. 내가 계속 졸라대니 나중에 아이는 나가기 싫다며 짜증을 냈다. 그런 날들이 계속되었고, 나는 전문가의 도움이 필요하다는 생각에 아들과 함께 처음으로 미술 치료를 받으러 갔다. 내가 먼저 입을 열었다.

"아들 때문에 왔어요. 남자애가 너무 내성적이라 걱정입니다. 남자애는 저처럼 씩씩해야 하는데 도통 밖에도 안 나가려고 하고, 혼자 방문 닫고 들어가 있어서 엄마인 제가 답답해 죽겠어요."

아이는 흥분한 내 목소리에 더욱 주눅 드는 듯했다. 상담이 시작되고, 첫 시간에 우리는 처음으로 MBTI 성격 유형검사를 했다. 그 결과 아들과 나는 4가지 모두 정반대 성향이라는 사실을 알게 되었다.

"어머니는 소나무 같은 종인데, 아드님은 온실 속 난초 같은 종이에요. 온실 속 난초는 비닐하우스 안에서 고이 자라야 하는데, 소나무가 자꾸만 햇볕을 쐬자고 나오라며 비닐하우스를 걷어내려고 하니까 난초가 얼마나 두렵고 불안하겠어요."

소나무와 난초 이야기를 예로 들며 설명해주는 전문가의 해석에 나는 큰 충격을 받았다. 내 배 아파 낳은 내 아들이면 당연히 나와 같은 종자일 것이라고 생각했다. 그래서 나처럼 씩씩하라고 이야기했는데, 그게 난초 같은 아이를 죽이는 일이었다니! 그것도 다른 사람도 아니고 엄마라는 사람이 아들에게 그랬다.

그렇게 상담은 계속 이어졌고, 이후 나는 아이들을 있는 그대로 존중하는 자세를 갖게 되었다. 그런데 엄마들 모임에 나가보니 다른 엄마들도 나와 비슷한 실수를 하고 있었다.

"요새 우리 아들이 글쎄 내 말도 안 듣고 미치겠어. 정말 걔 때문에 스트레스 엄청 받는다니까."

"말도 마라, 뭐 이런 녀석이 다 있나 싶다니까."

나는 난초와 소나무 이야기를 해주면서 엄마들이 나와 같은 실수를 하지 않도록 당부했다. 그렇게 몇몇 엄마들은 이후 아이와 관계가 개선되기도 하고, 몇몇은 내가 만났던 미술 치료사를 찾아가 상담도 받았다.

그 일을 계기로 나는 아들과의 관계를 개선하기 위해 내가 할 수 있는 일이 무엇일까 고민하다가 코칭을 배우게 되었다. 그리고 시간이 지나면서 셀프코칭으로 나 스스로 나의 방향을 정하는 데도 많은 도움이 되었다. 코칭을 배우던 과정에서 '성공하는 사람들의 7가지 습관'이라는 리더십 프로그램도 알게 되었고, 지인들에게도 추천해주었다.

그렇게 아이와의 위기에 관계 개선을 위해 시작한 일은 내가 강의를 할 수 있게 해주었다. SSU에서 시간당 100만 원씩 받으며 강의하는 강사가 되고 싶다는 큰 꿈도 꾸게 해주었다.

그러면서 나는 꿈꾸면 왜 그 꿈이 필요한지, 꿈 너머 꿈은 무엇인지 다시 생각해보게 되었다. 내가 배운 것을 다른 사람과 나누고 적용하는 일도 게을리하지 않았다. 코칭을 배우면서 팀원들과 함께하다 보면 더 큰 시너지가 생겼고, 고객과 대화할 때도 많이 공감하게 되었다.

어느 날 고객의 자녀 보험을 설계해주러 간 일이 있었다. 그 고객은 자녀의 보험과 대학 학자금 마련을 위해 30만 원씩 적금을 계약하곤 한숨을 내쉬었다.

"에휴~ 요새 애들은 너나 할 것 없이 다 해외 어학연수도 간다고 하던데…. 해외연수는 못 보내줘도 방학 때 하는 방학 캠프인가 리더십 캠프인가 하는 건 해주고 싶은데, 그것도 너무 비싸더라고요."

순간 내 심장이 뛰었다. 나는 아들을 위해 코칭도 배우고 청소년 리더십 강사 자격까지 갖추지 않았던가.

"언니, 그럼 제가 이번 여름방학에 자녀분 리더십 캠프 보내고 싶다는 그 꿈 이뤄드릴게요."

고객은 무슨 소리인가 하면서도 내심 기대하고 있는 눈치였다.

그해 여름 나는 삼성화재 센터장님에게 교육장 대여를 부탁했다. 우리 고객들의 자녀와 우리 지점 설계사들의 자녀들을 초대해 리더십 캠프를 진행하기 위해서였다. 물론 센터장님은 승낙해주었고, 리더십 캠프는 성황리에 끝났다. 동료 설계사들뿐 아니라 고객들도 만족스러워하며 감사의 마음을 전해왔다.

그날 이후 나는 다른 사람의 꿈에 반응하게 되었다. 내가 할 줄 아는 것으로 다른 사람에게 도움이 될 수 있다니 공식적으로 오지랖을 펼칠 수 있게 되었다. 한마디로 이상적인 직업과 현재 내가 하고 있는 일이 딱 맞아떨어진 것이다. 나는 사람들을 만나고, 그들의 힘든 상황을 귀로 들어주고, 입으로 응원해주고, 내 손으로 토닥이며 보듬어줄 수 있는 이 일이 정말 감사하다.

꿈을 파는 강연쇼의
문을 열다

나는 어려운 시기에 빚을 갚고 먹고살기 위해 보험회사에 입사했다. 그리고 열심히 일에 매진한 덕분에 빚도 갚고, 내 아이들의 꿈을 응원하는 데도 관심을 갖게 되었다. 그때부터 나는 내 꿈의 목록에 적어두고 언젠간 해봐야지 했던 청소년 강의에 도전하기 시작했다. 내 아이를 존중하고 이해하기 시작했기에 청소년 강의는 그 어느 때보다 가치 있게 다가왔다.

첫 강의는 부산대에서 진행되었다. 나는 한국리더십센터 부산 지사에 청소년 FT로서 부산동성고, 해림초, 한바다중, 브니엘여고 등 부산에 있는 학교에서 활동하기 시작했다. 강의에 대한 내용들을 SNS에 올리기 시작하자, 열심히 보험을 하고 있다고 생각했던 내가 무엇을 하는가 싶어 지인들이 의아해했다.

그러다가 둘째아들의 담임선생님이었던 김승주 선생님(현재 울산이화초 교사, 울산영웅 31호, 꿈파쇼 행사운영국장)이 나의 SNS를 보고는 울산에 있는 영재반 학생들에게 리더십 강의를 소개해주었고, 이를 기점으로 울산에서도 활동이 이어지게 되었다. 처음에는 긴가민가하던 지인들도 강의하는 사진들이 점점 늘어나자 댓글로 묻기 시작했다.

"해숙아, 너 무슨 강의 같은 거 해?"

"보험 하는 사람이 무슨 강의야? 사진 보니까 애들한테 리더십 강의 같은 거 하던데 혹 보험은 그만뒀어?"

난감했다. 뭐라고 답해야 할지 몰랐다. 잠시 고민하다가 나의 꿈의 목록을 뒤져보기 시작했다. 거기에 쓰여 있는 한 줄이 눈에 들어왔다.

'사람들에게 꿈에 관한 강의하기.'

그래 지금이다! 어려운 시간 동안 보험설계사로 일하면서 나는 아이들의 소중함을 깨달았고, 같은 24시간이지만 나의 일, 엄마의 역할, 그리고 꿈을 위해서도 시간을 사용할 수 있음을 알았다. 비록 내가 다른 일을 하고 있더라도 제대로 시간만 관리한다면 꿈을 이룰 수 있다고 이야기해주고 싶었다. 내 꿈의 목록을 하나 더 이룰 수 있는 좋은 기회이기도 했다. 그래서 용기 내어 SNS에 강의에 관한 공지를 올렸다.

"한 해 가기 전에 여러분과 만나고 싶어 재능 기부 강의를 마련했습니다. 해수기 니는 정체가 뭐냐 해서 이날 정.확.히. 알려드릴게요. 이날 오시면 해수기가 비전 강의해드립니다. 전 세계 어디서도 들을 수 없는 산만한 해수기 강의 들으러 오실 분 손 번쩍! 장소 관계로 20분 정도 모시려고 하구요, 오셔서 많은 분들과 인사도 나누는 소중한 인연 되시길 바랍니다. 댓글 신청 받고요, 이름과 인원, 연락처 남겨주시면 안내문자 별도로 갑니다. 많은 분들과 함께 뵙고 싶습니다."

반응은 예상 밖이었다. 아니 예상대로였다. 공지 후 몇 시간 만에 참석자는 20명을 넘어섰고, 2013년 12월 21일 나의 꿈에 대한 첫 강의는 그렇게 시작되었다.

강연 당일 그동안 보고 싶었던 친구도 찾아와 주어 오랜만에 얼굴을 볼 수 있어서 더 좋았다. 그날 나는 보험설계사를 시작하게 된 이유와 힘들었던 이야기, 그리고 자살하려고 자동차로 담벼락을 들이받은 이야기까지 꿈을 갖고 다시 일어나기까지 그들이 알지 못했던 내 이야기를 전부 털어놓았다. 그곳에 모인 대부분의 사람들이 나를 알고 있던 지인들이라 그런지 안타까운 마음에 눈물을 흘리는 이들도 적지 않았다.

그리고 나는 왜 강사의 꿈을 꾸며 이렇게 달려왔는지, 시간관리를 통해 어떻게 그 역할들을 해낼 수 있었는지도 알려주었다. 2시간의 강의를 끝내고 참석해준 모든 분들과 감사 인사를 하고 마무리할 때쯤이었다. 눈시울이 붉어진 한 분이 다가와 나를 잡더니 이렇게 물었다.

"저… 저는 태어나서 이런 강의는 처음 들어봅니다. 다음에도 이런 강의를 듣고 싶은데, 이런 강의는 어디서 하나요?"

2013년 12월 21일, 나는 꿈에 대해 첫 강의를 했고, 이 무대는 꿈파쇼를 기획하는 계기가 되었다.

순간 당황스러웠다. 단순히 보험설계사인 나에게 도대체 무슨 강의를 하느냐며 묻길래 지극히 이기적인 마음으로 그에 대해 대답해주고, 나의 꿈의 목록을 이루기 위해 시작한 일인데 언제 또 하냐고 묻는 이가 있다니….

내가 바로 답하지 못하고 머뭇거리자, 그녀가 다시 입을 열었다.

"실은 제가 최근에 안 좋은 일이 있어서 너무 힘들었거든요. 정말 강사님처럼 나쁜 생각까지 했는데, 오늘 강의 듣고 진짜 다시 한 번 잘 살아봐야겠다는 생각을 했어요. 너무 감사합니다. 또 언제 하나요?"

애절하게 바라보는 그녀의 눈빛을 나는 외면할 수가 없었다.

"네, 다달이 해요. 한 달에 한 번 매월 세 번째 목요일에 여기서 해요."

그렇게 사고를 치고 말았다. 그날부터 나는 기억도 잘 나지 않는 그분과의 약속을 지키기 위해 매월 세 번째 목요일에 한빛갤러리에서 강의를 기획하고 주최했다.

그렇게 얼마나 지났을까? 사람들은 자꾸 나를 보고 대단하다고 말했다. 사실 나는 대단하지 않은데 왜 대단하다고 하는 걸까 의아했다. 단지 내가 하고 싶은 일을 하는 건데 이건 무슨 반응인 거지? 오히려 나는 한 달에 한 번씩 잊지 않고 찾아와 주시는 분들이 더 감사했다. 그래서 그들에게 보답해주기 위해 그날부터 '진짜' 대단한 사람을 찾아 나서기 시작했다.

울산 영웅을 찾아 나서다

사람들이 자꾸 대단하다고 하니까 나는 진짜 대단한 사람들을 찾아보자고 생각했다. 내가 대단하지도 않은데 자꾸 대단하다고 하는 게 부담스럽기도 했다. 그리고 오시는 분들에게 진짜 대단한 분들을 보여줘야겠다는 책임감도 들었다.

하루는 집에서 저녁을 먹다가 〈강연 100℃〉 프로그램을 보았다. 한때 나도 〈강연 100℃〉 강연자로 서고 싶어 서울을 찾아간 적이 있었다. 그때 내 머릿속을 쾅 하고 치는 것이 있었다. 맞다! 〈강연 100℃〉나 〈세바시〉(세상을 바꾸는 시간 15분)는 주로 유명인 중심이거나 서울에 거주하는 사람들이 많으며 서울에서 진행된다. 그러니 내가 살고 있는 울산 지역 사람들을 위한 강연을 기획해보는 건 어떨까?

그러면 어떤 사람들을 섭외해야 할까? 유명한 사람이나 대단한 사람들은 이미 TV에 나오니 찾아다닐 필요가 없었다. 그런데 사람들은 내 이야기로도 이미 감동을 받으니 내 주변에 있는 사람들이 우리의 영웅이 될 수 있겠다는 생각이 들었다. 그렇게 나는 내 주변에서 열심히 살아가는 지인 2명을 울산 영웅 1호, 2호로 초대했다.

울산 영웅 1호는 난치병을 겪고 있으면서도 자기 부모님의 이야기를 책으로 남기기 위해 육아 책을 쓴《무소유 육아를 권합니다》의 작가 장지숙 선생님이고, 울산 영웅 2호는 장애인식 강사로 꿈을 이야기하는 한미라 강사로 정했다. 그렇게 꿈파쇼에 '울산 영웅 100인 프로젝트'가 시작되었다.

결과는 대성공이었다. 사람들은 우리 주변 이들의 이야기에 더 많이 감동받고 더 많이 친근감을 느꼈다. 시간이 지나자 문의가 오기 시작했다.

"꿈파쇼는 보험설계사로서 보험을 팔려고 하는 거 아닌가요?"

"혹 정치하려고 사람 모으시는가 봐요?"

그때 나는 처음으로 정치를 하려면 그런 식으로 사람을 모은다는 것을 알았고, 실제로 어느 당으로부터는 당원 대표를 해보지 않겠냐는 제안도 받았다. 보험을 팔려면 나는 그 시간에 보험 일을 하는 게 더 효율적이다. 오히려 꿈파쇼 하는 시간에 고객들 전화가 오면 너무 바빠 받지 못해서 죄인이 된 기분이었다. 그래서 처음에는 그런 오해가 오히려 신기할 뿐이었다.

하지만 무식하면 용감하다 했던가. 전혀 의도하지 않았기에 그런 황당한 질문에도 나는 아니라고 자신 있게 답할 수 있었다. 이제 꿈파쇼는 내가 한 달을 살아가는 힘을 주는 에너지이자 원동력이 되고 있다.

꿈은 가능성이다. 가능성이기에 도전하고 시도하는 것이다. 꿈은 실제 현실로 만드는 것이 가능하기도 하지만, 그 자체로도 분명 가치 있고 소중하다. 왜냐하면 인생의 가장 의미 있는 발전은 꿈을 통해 가능하기 때문이다. 설령 목표에 다다르지 못했다 하더라도 말이다.

되돌아보면 내 주위엔 언제나 나를 지원해주고 응원해주는 주변 사람들이 있었다. 그들은 단지 나의 '주변 사람'이 아니었다. 단순한 들러리가 아니라 나를 전폭적으로 지지해주고 밀어주는 사람들이었다. 그들이 있었기에 지금의 내가 있을 수 있었다.

혼자가 아닌 '함께' 있을 때 사람은 비로소 빛난다. 나는 '함께'가 가능하도록 사람과 사람을 연결하고 있다. 모든 사람들이 가진 그 사람만의 '가치'를 팔고 있는 나는 정말 행복한 사람이다.

진정성은 누군가 알아본다

공업탑로터리를 지나다가 시간이 남아서 머리 손질을 좀 할까 싶어 미용실에 들렀다. 그런데 누군가가 나를 알아보고는 "혹시 꿈파쇼 대표님 아니세요?"라고 물었다. 반갑기도 하고 놀랍기도 해서 어떻게 아셨는지 물어보았다.

그분은 오랫동안 미용업을 해왔는데 꿈파쇼에 온 적이 있다고 했다. 정말 미용업을 그만두고 싶다고 생각할 정도로 힘든 날 그녀는 꿈파쇼를 찾았다. 그리고 꿈파쇼를 다녀간 2년 후 우연히 내가 그 미용실에 들르게 된 것이었다. 순간 그 인연에 소름이 돋았다. 하고 많은 미용실 중에 우연히 방문한 곳이 여기였다니!

"저는 그렇게 좋은 강연을 왜 그냥 아무 이유 없이 할까 의심했어요. 대표님이 보험설계사라 하시길래 사실 보험 팔려고 하는 줄 알고 혹시나 했거든요. 그런데 그날 꿈파쇼에 갔다가 저는 주저했던 미용업을 계속 해야겠다는 용기를 얻었어요. 그래서 보시다시피 이렇게 더욱 근사하게 하고 있어요."

그녀는 고맙다는 인사를 했고, 이후 꿈파쇼의 협찬사가 되어주었다.

꿈파쇼는 보험 일을 더 잘하기 위한 수단이 아니다. 애초에 기획되어 시작된 강연이 아니다 보니 처음엔 체계도 계획도 없었다. 지금 생각해보면 3년 넘는 시간 동안 어떻게 꿈파쇼를 계속 해올 수 있었는지 신기할 뿐이다.

우연히 찾은 분들이 위로를 받고 다시 꿈을 찾았다고 말해주는 게 너무 좋아서 한 달, 한 달 이어져온 것이 벌써 3년이 넘었다. '꿈파쇼'의 본질 그대로를 사랑해주는 분들이 있었기에 꿈파쇼를 상업적으로 이용하려는 이들의 수많은 유혹을 뿌리칠 수도 있었다. 분명 당장이라도 그만두고 싶을 만큼 '내가 왜 이 일을 해야 하나?' 하며 힘든 적도 있었다. 하지만 주위에서 모아주는 긍정의 에너지들이 지금까지 꿈파쇼를 이끌어오게 해주었던 것 같다.

'꿈파쇼'를 통해 꿈을 팔아도 당장 나에게 생기는 금전적 이익은 없다. 하지만 내적인 만족에 더해 다른 사람들의 삶에서 투영되는 빛나는 가치는 내 삶을 더 힘 있게 만들어준다. 물론 앞으로도 꿈파쇼는 내게 그런 의미일 것이다.

나의 부족한 부분은
단점이 아니다

어느 날 재무설계사로 일하면서 동시에 '꿈파쇼'를 진행하고 있는 나를 보며 팀장이 안타깝다는 듯 말했다.

"해숙이 너는 왜 만날 밑지고 사냐?"

사실 꿈파쇼를 운영하기 위해서는 정신적, 재정적, 시간적으로 많은 것을 희생할 수밖에 없다. 그럼에도 나는 그 일이 너무 좋았다. 그래서 망설임 없이 대답했다.

"좋아서 하는 건데요? 돈으로 살 수 없는 것이 있거든요."

막상 대답하고 나서 생각해보니 정말 그랬다.

사실 처음에는 꿈파쇼에 대한 나만의 가치조차 명확하지 않았다. 하지만 꿈파쇼가 회를 거듭해갈수록 나는 '사람을 돕는 것'이라는 나만의 가치를 찾을 수 있었고, '행복한 성장을 돕습니다'라는 슬로건까지 만들 수 있었다.

나는 미치도록 성공하고 싶었다. 하지만 단순히 돈을 버는 성공을 원한 건 아니었다. 행복하게 제대로 성장하는 강사 매니지먼트이자 교육 컨설턴트가 되고 싶었다. 내가 중점을 둔 것은 '성공'이 아니라 '성장'이었다. 사람들이 자신이 하고 싶어 하는 것을 하도록 돕고 싶은 것이 내 바람이었다. 자라는 동안 아무것도 받은 것 없고, 동생들에게도 아무것도 지원해준 적 없었기 때문에 마음껏 돕고 지원해주고 싶었던 마음이었다.

그런 내 마음 때문이었을까. 한번은 내 강의를 들은 사람 중 한 명이 나처럼 강의를 하고 싶다고 했다. 다른 강의도 아니고 내가 하고 있는 강의라면 충분히 해줄 수 있는 일이 아닌가. 그래서 나는 지금껏 만들어둔 PPT를 모두 주었다. 심지어 어떻게 말해야 하는지도 모조리 적어주었다. 나는 그를 돕고 싶어 '아낌없이 주는 나무'가 된 것인데, 오히려 상대가 "강사님, 이렇게 자료까지 다 주시고 저한테 왜 그러세요?" 하며 당황해했다.

강사가 되고 싶다고 하길래 주는 건데 왜 그러냐는 아무렇지도 않는 듯한 내 말투에 그는 "이런 분 처음 보네요" 하며 놀라워했다. 그는 대가를 지불하고 싶다며 돈까지 내밀었지만, 내가 어디 돈을 받으려고 했던 일인가. 결국 나는 그의 꿈을 이뤄주기 위해 첫 강의 자리를 마련해주었고, 자신의 꿈을 이룬 그는 연신 내게 고맙다고 인사했다.

나 역시 강의란 아무나 하는 게 아니라고 생각했다. 강사라고 하면

말끔한 외모에 정제된 표준어를 쓰면서 세련되게 말하는 사람이라고 생각해왔다. 무엇보다 나 스스로 단점으로 꼽는 88사이즈로는 확실한 다이어트를 하기 전까지 남들 앞에 절대 못 설 거라고 믿었다.

그런데 나중엔 "그 덩치 큰 강사 소개시켜 주세요"라고 이야기한다고 하니 88사이즈가 나의 단점만은 아니구나 하고 깨달았다. 이후 강의를 시작할 때면 내 사이즈를 오히려 더 내세우게 되었다. "여러분이 지금 보고 있는 강사는 대한민국에서 최고 큰 88사이즈 강사입니다"라고 말이다.

그러자 신기하게도 나의 큰 덩치는 청중에 압도당하지 않는다는 장점이 눈에 보이기 시작했다. 체구가 작은 강사들의 경우 분위기에 압도당하는 경우가 의외로 많다고 한다. 하지만 나는 내 덩치를 무기 삼아 청중들에게 눌리지 않고 당당한 '덩치 큰 강사'로서 잘해낼 수 있었다.

차츰 강의가 재미있어지면서 지금은 성공팩토리 리더십센터 대표로 청소년 강의도 하고 있다. 외부 강사가 고등학교 특강을 가면 아이들이 누워서 자고 있는 경우가 많다. 그런데 한번은 강의가 끝난 후 나가려는데, 한 학생이 나를 부르더니 사인해달라고 하는 게 아닌가. 나는 잘못 들은 게 아닌가 싶어 다시 물어보았다.

"나?"

그러자 학생은 나를 부른 게 맞다며 나의 기(氣)를 받고 싶다고 했다. 신기하고 즐거운 일이었다. 이럴 때 나는 강의를 참 잘 시작했다는 생각이 든다. 스스로 단점이라고 생각했던 부분은 결코 단점으로만 남지 않는다. 오히려 지금 부족하다고 생각했던 부분이 나중엔 강점이 될 수도 있다. 내가 어떤 마음으로 임하는가 하는 태도에서 더 많은 진정성이 전달되기 때문이다.

꿈파쇼 멘토강사단이
탄생하다

DTL 리더십을 만들다

리더십에는 셀프 리더십도 있고, 서포트 리더십, 감성 리더십, 여성 리더십 등 종류가 많다. 나는 앞으로의 리더십은 DTL이 강세가 될 것이라고 생각한다. DTL은 'Dream, Training, Leader'로서 꿈을 트레이닝하고 단련하는 사람이 리더가 된다는 뜻이다.

꿈을 이루어가는 사람들은 선한 영향력으로 다른 사람들을 이끌게 된다. 그 사람을 보면 나도 저렇게 되고 싶다고 자연스럽게 생각하게 하는 것, 그것이 앞으로의 리더십이다. 따라서 자신이 하고 싶은 꿈을 명확하게 알고 그 꿈을 단련해나가는 것이 중요하다. 지금은 회장이나 본부장, 총장 등의 '자리'가 진정한 리더를 만들지 않는다. 꿈을 이루기 위해 부단히 노력하는 리더가 진정한 리더가 되는 세상이다.

꿈파쇼의 '울산 영웅들'은 모두 감동을 주는 인생 스토리를 갖고 있다. 다른 사람들의 인생 스토리는 몇 권의 책과 맞먹는다. 꿈파쇼에 찾아온 많은 분들은 어려운 장애물 앞에서도 자신의 꿈을 포기하지 않고 나아가는 그들의 용기와 열정에 감동을 받는다. 더 훌륭한 업적을 남기고 존중받는 것도 중요하지만, 평범한 우리의 삶 속에서 자신의 꿈을 포기하지 않고 나아가는 모습에 응원하고 싶은 마음이 솟구치기 때문이다.

물론 존경받을 만한 업적과 지식을 남기는 것도 중요하다. 하지만 자신의 인생을 살아가고 꿈을 이뤄가는 모습은 다른 사람에게 영향을 주고, 결국 누군가에겐 꿈이 될 수 있다.

나는 자신의 이야기로 다른 사람들을 감동시키는 이가 있다면 누구든 만나러 간다. 그리고 그에게 다른 사람의 꿈을 이뤄주기 위해 함께해보자고 제안한다. 그러면 그는 나와 다른 사람들의 진정한 리더, 영웅이 되는 것이다. 자신의 꿈을 꿋꿋이 이뤄나가는 DTL이야말로 결국은 진정한 리더십이 아닐까 생각해본다.

꿈파쇼에 울산 영웅으로 출연하시는 분들은 각자 다양한 직업을 갖고 있다. 그도 그럴 것이 자신의 일을 사랑하고 전문가로서 열정적으로 자신의 삶을 살아가고 있는 분들이 기본적인 출연 조건이기 때문이다. 나는 둘째아들이 다니는 중학교에 운영위원으로 활동하고 있다. 그런데 어느 날 진로부장 선생님께서 학생들 진로체험에 여러 직업을 가진 분들이 필요하다고 이야기했다. 직업군이라고? 나에겐

스토리 나눔 토크 강연소
꿈.파.쇼. "직업멘토 강사단" 발대식

일시 : 2016.06.28 [화] AM 10:30   장소 : 카페 로폴라 2층 세미나룸

2013년 12월 21일, 나는 꿈에 대해 첫 강의를 했고, 이 무대는 꿈파쇼를 기획하는 계기가 되었다.

꿈파쇼가 있었다!

그래서 나는 꿈파쇼에 출연했던 몇몇 지인들에게 도움을 요청했다. 우리 아이가 다니는 학교라 강사비는 적지만 도와주십사 하고 부탁한 것이다. 그러자 지인들은 모두 강사비가 무슨 문제냐며 자신의 직업을 꿈으로 생각한다니 오히려 고맙다며 흔쾌히 승낙해주었다.

그렇게 JCN중앙방송 백인실 PD, 방송그래픽 디자이너 이소영, DJ와 라디오 방송을 하고 있는 DJ 로이 이제윤, 울산지방경찰청 안정호 경위, 문무태권도 차형찬 관장, 문화기획자 김수겸 대표, 가기사진앤갤러리 한규택 사진작가, 아로마테라피스트 현수진 대표 등이 학교에 나타났다. 이들 모두가 학교에 왔으니 어떠했겠는가? 반응은 폭발적이었고, 학생들에게도 한마디로 인기 짱이었다. 이후 선생님은 다른 학교에도 내 연락처를 알려주었고 "혹시 우리 학교에도 가능할까요?" 하는 문의가 오기 시작했다.

사실 한두 번은 괜찮았다. 하지만 이제 여러 학교에서 우리가 어떤 업체인 줄 알고 "저희는 어느어느 학교인데요, 몇 월 며칠 몇 명입니다" 하고 비즈니스 형식의 요청이 들어오기 시작했다. 일을 벌였는데 수습이 안 되겠다 싶었다. 그래서 아예 뜻을 같이하는 다른 직업군들도 함께 모아 정식으로 '꿈파쇼 직업멘토강사단'을 창립했다. 마침 꿈파쇼에 봉사하러 오던 지인 언니가 매니저 역할을 해주었고, 일은 일사천리로 진행되었다.

이후 PD와 아나운서로 활동하던 나경아 PD, 유노디자인의 이윤호 대표, 임대우 치과의사, 이명학 수의사, 방송작가 하미라, 성악가, 연극배우, 뮤지컬 배우 등 다양한 직업군 50여 명과 함께 울산에 있는 초중고 등에서 직업 강사단으로 활동을 시작했다.

돌아보니 1년 동안 8,000여 명의 학생들이 꿈파쇼 직업멘토강사단의 강의를 들었고, 그 가운데 멘토단의 강의를 듣고 사진작가의 꿈을 이루기 위해 관련학과로 진학한 학생들의 사례와 감사인사는 물론 개인적으로 멘토를 만나고 싶다고 연락이 오기도 했다. 무엇보다 청소년들이 자신의 꿈을 이룰 수 있도록 멘토와 연결해주는 것은 진정 가치 있는 일이었다. 나는 그들과 단단히 연결되어 있으니 큰돈을 가지고 있지 않아도 충분히 행복하고 뿌듯하다. 그 과정에서 오는 만족감이란 세상을 다 가진 듯 말로 표현할 수 없는 감정이기 때문이다.

꿈파쇼 직업 멘토단으로 활동하는 분들 중에는 활동하면서 강사료 일부를 다시 기부하기도 한다. 2016년에는 그 기부금으로 조손가정 학생 2명에게 교복을 후원해주기도 했다. 이것이 진정한 재능 나눔이고, 가치를 나누는 일이 아닐까.

언젠가 스윙댄스를 가르치는 김잔디 강사를 만난 적이 있는데, 그녀가 말하길 "대표님은 드림맘(Dream Mom) 같아요. 아이들뿐 아니라 다른 사람들 꿈을 이뤄주는 엄마 같은 존재 말이에요"라고 했다. 그녀의 말이 감동스럽고 정말 고마웠다. 어쩌면 드림맘은 애초부터 예정된 나의 직업이었는지도 모른다.

누구나 꿈이 있는 사람을
응원하고 싶어 한다

청소년 진로 리더십 강사 과정(DTL리더십 강사 과정)에는 강사의 비전 보드를 만들어오는 과제가 있다. 학생들에게 꿈을 강의하는 강사가 꿈이 없다면 그 강의는 거짓이라고 생각하기 때문이다. 그래서 실기 시험에 비전보드는 필수다.

강의를 진행하면서 나는 다른 사람들의 꿈을 알게 되었다. 1기에 참석한 한 강사는 이런 이야기를 들려주었다. 얼마 전 그녀의 아들이 엄마의 직업이 뭐냐고 물었다. 그동안 청소년 상담 봉사를 꽤 오랫동안 하고 있어서 상담 봉사를 한다고 했더니, 봉사는 직업이 아니지 않냐고 핀잔을 주었다고 했다. 그러면서 그녀는 '자신의 명함 갖기'가 꿈이라고 말했다.

과정을 마치는 내내 나는 그게 마음에 걸렸다. 내가 할 수 있는 일이라면 무엇이든 해주고 싶은 게 내 마음이었다. 그래서 강사 시험 과정을 마치자마자 나는 그 선생님에게 명함을 선물해주었다. 이제 시험도 합격했으니 강사로서 당당하게 활동할 수 있는 자격이 있기 때문이다. 그 선생님은 너무 기뻐하며 매일매일 누구에게, 어디에 명함을 주고 왔다고 자랑했다. 내가 준비한 것은 손바닥 크기만 한 작은 종이 명함이었지만, 선생님은 나의 부족한 부분을 채워주려고 애써 주었다.

사실 따지고 보면 그 선생님은 청소년 분야에서 활동한 경력이 나보다 더 많아 내가 배워야 하는 입장일 수도 있다. 하지만 그날 이후 선생님은 더 큰 열정과 진심으로 우리를 챙겨주었고, 나는 더 많은 일을 저지를 수 있었다. 나도 그렇지만 사람들은 다른 이의 꿈에 관한 이야기를 들을 때면 가장 큰 감동과 뭉클함으로 순수해지는 것 같다.

곁에 있는 사람의 꿈도
중요하다

학원을 운영할 때 이길주라는 선생님이 있었다. 키가 크고 예쁜데다 성격도 싹싹해서 학부모들에게도 참 잘했다. 지금은 언니 동생으로 지내는 소중한 인연으로 내가 참 좋아하고 예뻐하는 동생이다.

조금 우습게 들릴지 모르겠지만, 학원 원장이었을 때 나는 학력보다 예쁜 사람을 뽑는 편이었다. 엄마들이 호감 가는 선생님을 좋아한다고 생각한 내 나름의 기준이었다.

길주도 내 기준에서는 예쁜 선생님이었고, 우리 학원에서 일 잘한다는 친구였다. 당시 길주는 스물세 살에 키도 크고 예쁜 얼굴이었다. 그런데 길주를 채용한 지 6개월쯤 뒤 나는 별안간 길주에게 학원을 그만두는 게 어떻겠냐고 이야기했다.

"제가 마음에 안 드세요?"

길주의 첫마디였다. 그녀의 물음에 나는 지금도 당당하게 "아니"라고 답할 수 있다. 나는 그녀가 너무 잘하고 있기 때문에 그만두라고 권한 것이다.

"네?!"

놀란 토끼 눈을 한 채 길주가 나를 쳐다보았다.

"길주야, 넌 꿈이 뭐니?"

내 질문에 길주는 아까보다 더 아리송하다는 표정이었다.

'꿈'에 관한 질문은 아이들에게만 할 수 있는 게 아니다. 어른에게도 꿈에 대해 물어볼 수 있는데, 대부분의 어른들은 이제 자신과 '꿈'은 전혀 상관없다고 여기며 살아간다. 길주 또한 그런 어른 중 한 명이었기에 놀란 반응을 보인 것이다. 잠깐 생각하더니 그녀는 머뭇거렸다.

"혹시 네 꿈이 학원 원장이야?"

그러자 길주는 "하면 좋죠. 공부도 더 하고 싶긴 하지만… 잘 모르겠어요" 하고 웃음을 내보였다.

"내가 봤을 때 넌 지금 이런 학원에 있을 때가 아니야. 나야 애들도 있고 책임져야 할 게 많아서 이러고 있지만, 너처럼 꿈이 있다면 20대 때는 공부를 더 해봐야 한다고 생각해. 공부해서 몸값을 올려서 30대가 되면 그 몸값을 받아야 하고, 30대 후반부터는 그 오른 몸값으로 살아가고 자기 인생을 책임져야 하는 거야. 그런데 여기에서 계속 이러고 있다고 쳐봐. 30대가 됐을 때 네가 버는 소득과 삶의 환경이 얼마나 바뀔까?"

내 이야기를 들으며 길주는 고민에 빠진 얼굴이었다. 원래 꿈이 무엇이었냐고 물어보니 외국계 회사나 해외 호텔 혹은 외국으로 나가서 일하는 것이었다고 했다. 사실 길주는 영어를 잘해서 영어 수업도 했다. 하지만 마냥 그녀를 붙잡아 둘 수는 없었다.

"길주야, 네가 혹시 나중에라도 부원장이 되고 싶다고 하면 나는 널 채용하고 싶어. 솔직히 넌 일을 너무 잘하니까. 근데 네 재능이 너무 아까워. 학원 전전긍긍하며 다니지 말고 공부하러 다녀."

"저 지금 잘리는 거예요?"

"아니. 잘리는 게 아니라 내가 투자하는 거야. 더 큰 사람 되어 돌아왔는데, 다시 여기서 일하고 싶고 부원장이 되고 싶다고 하면 시켜줄게. 지금은 너 자신한테 공부로 투자해보라는 거야. 네 몸값을 올려. 너는 보석이잖아."

그렇게 길주는 후임에게 인수인계도 잘해주고 자신의 길을 찾아 떠났다. 그리고 나는 길주의 빈자리를 채우기 위해 또다시 교사를 구해야 했다.

얼마나 지났을까? 한동안 내내 연락이 없었는데 5년 정도 지난 어느 날, 길주는 한국으로 돌아왔다며 연락이 왔다. 예전에 나와 대화하면서 느끼는 게 많았다며, 대학을 편입해 영어영문학과에서 공부하면서 5명만 뽑는 교환학생에 선발되어 캐나다에 다녀왔다고 했다.

"한국에 있을 땐 그래도 제가 영어를 좀 잘한다고 생각했어요. 그런데 막상 캐나다 명문대에서 공부하려니 우물 안 개구리였다는 걸 실감했어요. 부딪혀보니 제가 부족한 점이 많다는 걸 깨달았고, 그때부터 하루에 3시간 이상 잔 적이 없을 정도로 공부를 했어요. 그랬더니 교환학생으로 있으면서 좋은 학점으로 과정을 패스했어요. 게다가 인턴십과 다양한 경험도 쌓을 수 있었고요. 지금은 M사에 영어 강사 교육 및 외국인을 담당하는 팀장이 되었어요. 다 원장님 덕분이에요, 아니… 언니."

내 이야기도 아닌데 그녀의 이야기를 듣고 있자니 내 가슴이 뛰기 시작했다. 나는 농담 식으로 다시 학원으로 돌아온다고 하지 않았냐며 받아줄 수 있으니 돌아와도 된다고 했다. 그랬더니 그녀는 웃기만 했다.

"그때 언니가 그런 이야기를 해주지 않았다면 정말 매일 똑같은 일상에 학원만 부지런히 다녔을 거예요. 언니의 진심 어린 충고가 저를 다시 돌아보는 계기가 되었고, 말씀 하나하나가 다 저를 위한 얘기였구나 느끼게 됐어요. 당시의 언니 상황에서는 오히려 하기 힘들었을 말씀들을 진심으로 해주셔서, 그리고 제 가능성을 알아봐 주시고 알려주셔서 정말로 감사합니다."

연신 나에게 감사 인사를 하는 그녀가 나는 너무 자랑스러웠다. 이후 나는 길주의 소개로 '다니엘'이라는 외국인 영어 선생님을 소개받았는데, 이번엔 반대로 내가 길주에게 혜택을 받은 셈이었다.

길주는 여전히 도전하며 열심히 살고 있다. 그녀를 통해 나는 새로운 사실을 깨달았다. 대부분의 회사는 자신들의 이익을 위해 상대방, 그러니까 일하는 사람의 재능을 잘 알면서도 현실에 묶어둔다. 그런데 그건 하나만 알고 둘은 모르는 행동이다. 상대가 회사를 떠난다면 당장의 회사 이익은 줄어들지 모른다. 하지만 그 인연이 돌고 돌아 어떤 식으로 연결이 되어 회사에 또 다른 이익을 가져다줄지도 모르는 일이다.

내가 운영하는 '성공 팩토리'의 슬로건은 '행복한 성장을 돕습니다'이다. 행복한 성장을 돕는 이 일은 자신에게서만 그쳐서는 안 된다. 주위 사람들을 도와 어떤 형태로든 그의 잠재력을 키울 수 있도록 하는 것이 건강한 사회를 만드는 방법이다. 그리고 건강한 개인은 건강한 사회 안에서 더 많이 만들어진다.

두려움을 긍정으로

제주도로 청소년 강의를 갔을 때의 일이다. 청소년을 대상으로 하는 강의인 줄 알고 갔는데, 학부모도 함께 참석해도 되냐고 했다. 당연히 가능하다고 했다. 그런데 문제는 그 강의에 참석하는 부모들이 방송국 관계자, 대학교수, 언론인, 아나운서 등 내 기준으로 볼 때 꽤 부담스러운 직업을 가진 분들이라는 것이었다. 그 사실을 제주도에 도착해서야 알게 되었다.

처음 제주행 비행기를 탔을 때만 해도 드디어 비행기를 타고 강의를 가는구나 하는 마음에 설레기까지 했는데, 그때부터 떨리기 시작했다. 나보다 더 많이 배운 그들 앞에서 내가 과연 강의를 잘해낼 수 있을까, 그들이 나를 보고 형편없다고 평가하면 어떡하지 하며 걱정에 걱정을 했다. 왠지 그들은 매의 눈으로 나를 샅샅이 파악하고 평가할 것 같았다. 언변이 좋거나 유머감각이 뛰어난 전문 강사도 아니었기에 걱정은 갈수록 태산이었다. 긴장감 때문에 미칠 것 같았다.

고민고민 끝에 나를 초대해주신 선생님께 전화해 제주도까지 왔으니 구경 좀 하고 나중에 강연 장소로 가겠다고 했다. 그러고 나서 곧바로 한라산 도서관으로 향했다. 강의에서 쓸 만한 좀 멋들어진 정보가 없을까 하고 말이다.

자료를 찾으며 나는 만들어온 PPT를 최대한 유식해 보이는 단어와 훌륭해 보이는 지식들로 가득 채우며 수정했다. 그런데 아뿔싸, 프린터가 고장 나서 출력이 안 된다고 했다. 어쩔 수 없이 수정한 내용을 제대로 다 외우지도 못한 채 강연 장소로 출발해야만 했다. 시간은 다가오고, 흐트러져 버린 PPT는 수습이 안 되고, 온통 엉켜버린 느낌이었다.

시간이 지날수록 두려움은 더 커져만 갔다. 차라리 교통사고라도 났다고 하고 돌아가는 게 낫지 않을까, 그냥 아예 펑크를 내버릴까 별별 생각을 다 했다. 제주까지 왔는데 혹평의 피드백을 받으면 지금까지 차근차근 쌓아온 내 강사 인생도 끝날 것만 같았다.

머릿속엔 온통 다양한 핑계들과 현명하게 연락 두절하는 방법은 뭘까 하는 생각뿐이었다. 부정적인 생각이 머릿속을 가득 메우기 시작했고, 생각에 생각의 꼬리를 계속 이어가다 보니 이번 강연에 나를 섭외한 사람이 원망스럽기까지 했다. 이제야 겨우 강사로서 발걸음을 떼려는데, 주위에서 이렇게 안 도와주나 싶었다.

그런데 문득 처음 꿈파쇼를 시작하던 바로 전날이 생각났다. 그날도 그랬다. 내가 왜 이런 무모한 일을 저질렀을까 나를 질책했고, 이 상황을 어떻게 헤쳐나가야 하나 싶어 두려웠다. 그래도 이미 벌어진 일이니 포기는 하지 말자며 마음을 다졌고, 결국 꿈파쇼는 닻을 올리고 멋지게 항해를 시작했다.

순간 온갖 핑계를 대고 있는 내가 보였다. 이미 벌어진 일이고, 이 번에도 포기하지 말아야 하는데 나는 도망갈 궁리만 하고 있었다. 강의 시간은 점점 다가오고, 나는 냉정하게 판단을 내렸다.

지금 한 시간 만에 내가 가진 기술이나 능력, 수준을 업그레드하긴 힘들다는 사실을 깨달았다. 그러니 지금 내가 할 수 있는 것을 찾자. 내가 원하는 모습은 무엇인가? 청중들에게 제일 처음 어떻게 다가갈까? 현 상황에서 나는 무엇을 할 수 있는가? 나는 내가 원하는 모습에 집중하기 시작했다. 그리고 연습장에 이렇게 써 내려갔다.

"아무리 두려움이 나를 엄습할지라도 내가 원하는 모습에만 집중하고 내가 할 수 있는 것에 집중하자. 두려움 때문에 포기하지는 말자. 나는 할 수 있다. 나는 할 수 있다."

나는 계속 주문을 외우듯 마인드 컨트롤을 했다. 강연을 끝내고 '이상, 최해숙입니다' 하고 인사하고 내려오는 내 모습을 상상했다.

강연장으로 이동하는 내내 나는 큰 목소리로 말하는 연습도 하고, 멘트도 중얼거렸다. 강의가 내일로 미뤄진다고 하더라도 당장 하루 만에 내가 360도 달라지는 않을 테니 두려움 때문에 피하지는 말자고 다짐했다.

강의가 시작되었고, 내가 그린 끝 모습 그대로 나는 강연을 무사히 잘 마쳤다. 그걸 확인이라도 해주듯 제주 K대에서 오신 분이 자기 학교의 영재반에서도 강의를 해줄 수 없느냐고 제안하셨다. 또 다른 선생님들 역시 감동이라며 찬사를 보내주었다.

집으로 돌아와 하루를 정리하면서 나는 다시 한 번 잊고 있던 깨달음을 되새겼다. '어떤 상황에서도 두려움 때문에 피하지 말자. 내가 원하는 것이 무엇인지 그 모습을 상상해보자'라는 교훈이었다.

사람들이 스스로를 망치고 실패하는 이유는 자질이나 능력이 부족해서가 아니다. 자기 자신을 스스로 믿지 못하는 두려움 때문이다. 자신을 믿고 원하는 결과에 집중하면 원하는 것을 얻을 수 있다.

예전에 신입사원이 와서 조언을 구하면 나는 이렇게 말했다. "저는 입사한 지 10년이 넘었지만, 아직까지도 고객을 만나러 갈 때면 어떤 인사말을 할지 연습하고 갑니다. 연습만이 답입니다." 실제로 나는 고객을 만나러 가기 전 표정과 몸짓까지 연습했다.

프로 레슬러들은 링 위에 오르기 전에 이미 성패가 좌우된다는 말이 있다. 상대를 보고 두려워하기 시작하면 진다는 것이다. 실제 챔피언들의 말이다. 자신을 믿고 이기는 장면을 상상하면서 두려움을 떨쳐버리고 링 위에 오르는 것이 게임에서 이기는 방법이다.

아들도 그런 말을 한 적이 있다. 아들은 평소 가파른 산에서 자전거를 즐겨 탄다. 자전거를 탈 때 꼭대기에서 뛰어내리면 내리막이 나오는데, 그때 할 수 있을까 걱정하는 순간 바로 넘어진다고 했다. 주춤하는 순간 이미 삐끗하는 것이다. 하지만 반대로 자전거 페달을 힘껏 밟으며 "유후" 하고 자신 있게 외치는 순간, 넘어지지 않고 짜릿

한 쾌감을 느끼며 내려올 수 있다는 것이다.

나 또한 강연장에 오를 때면 그렇게 한다. 결국 어떤 일을 성공적으로 마무리하기 위해서는 자신의 무한한 능력을 믿어야 한다. 그것이 용기를 내는 힘의 근원이다. 꿈을 이루기 위해 제일 중요하면서도 기본이 되는 것은 바로 자신을 믿는 것, 바로 그것이다.

나 자신에 대한 믿음뿐 아니라 타인에 대한 믿음 역시 두려움을 이기는 힘이 된다. 일이 잘될지에 대한 고민부터 남에게 피해를 주는 건 아닐까 하는 생각까지 주변 동료와 가족에 대한 생각은 끊임없이 일어난다. 검증된 사람이라면 일단 믿고 전폭적으로 지지해주는 것이 필요하다. 목표에 쉽게 다다르기 위해 '믿음'은 아무리 강조해도 지나치지 않은 부면이다.

나는 호구다

지인이 서울에서 손님이 오셨는데 자기가 급한 일이 생겨서 손님을 모시러 가기 힘들다고 연락해왔다. 지인이 다급하게 도움을 요청하는 목소리에 나는 일정을 조정해서 지인이 오기 전까지 식사라도 대접하겠다며 손님을 식당으로 모셨다. 지인은 고맙다고 거듭 인사를 했는데, 나 또한 식사를 하면서 새로운 사람을 알 수 있는 기회라며 괜찮다고 말했다.

그런데 잠시 후 지인이 다시 연락이 왔다. 내가 함께 있는 손님을 아는 분들이 2명 더 온다는 얘기였다. 조금 당황스럽긴 했지만, 나는 침착하게 그분들도 내가 잘 모실 테니 걱정 말고 일 보고 오라고 답했다. 흔쾌히 수락하고 식당으로 가는데 지인에게서 또 전화가 왔다. 2명이 더 식당으로 온다는 이야기였다. 일단 알겠다고 말한 후 나는

5명을 모시고 식당에서 지인이 오기만을 기다렸다.

그런데 식당에 도착해야 할 지인은 오지도 않은 채 또 전화를 했다. 정말 미안하다며 울산에서 영향력 있는 2명이 더 온다는 말이었다. 시의원인가 하는 분도 온다고 하니 잘 부탁한다며 당부했다.

지인이 오기 전까지 나는 7~8명 정도의 손님과 식사를 했고, 한 분이 더 도착했다. 모인 사람들은 서로 인사를 나누면서 나를 쳐다보았다. 나는 지인의 이야기를 하면서 그의 사정을 이야기하려 했다. 그런데 때마침 지인이 들어왔다.

지인은 약속에 늦었던 터라 사람들과 인사를 나누기에 바빴다. 그런데 식사를 하는 내내 그는 내게 고맙다는 인사 한마디 제대로 하지 않았다. 너무 경황이 없어서 그런가 보다 했는데, 식사비를 계산할 때 오히려 내게 부탁을 했다. 나는 이게 무슨 상황인가 사실 언짢았지만, 나중에 지인과 다시 이야기해야겠다고 생각하고서는 손님들을 배웅했다. 손님들은 떠나면서 지인에게 감사하다는 인사를 했고, 지인은 내가 계산했다는 이야기는 일절 하지도 않았다. 그러고는 내게 작은 목소리로 고맙다는 인사만 남기고 떠났다.

그들과 헤어져 돌아오는 차 안에서 나는 왠지 모르게 쓸쓸했다. 뭔가 내가 철저하게 이용당한 기분이었다. 내가 지인의 손님에게 식사를 대접하겠다고 한 이유는 서울에서 어렵게 내려온 손님이라 울산 사는 사람으로서 그분들에게 울산의 좋은 이미지를 주고 싶었기 때문이었다. 그런데 지금처럼 밥 사고 찜찜하긴 처음이었다. 나는 친한 언니에게 전화해 하소연을 했다.

"언니야, 나 밥 사고 이렇게 허탈하고 속상한 기분은 처음이다. 인사 듣자고 한 것도 아니고, 돈이 많아서 그런 것도 아닌데 밥 사고도 참 기분이 안 좋네."

자초지종을 들은 언니는 버럭 화를 내며 큰소리를 쳤다.

"야, 니 호구냐!"

사실 나는 '호구'라는 단어도 처음 들었고 무슨 뜻인지도 몰랐다. 그런데 언니가 말하는 투로 봤을 때는 '바보'라서 이용당했다고 야단 치는 것 같았다. 언니는 호구 짓 좀 그만하라며 한참 동안이나 나를 나무란 뒤에야 전화를 끊었다.

언니와 전화 통화를 한 후 나는 '호구'라는 단어를 검색해보았다. '호구: 어수룩하여 이용하기 좋은 사람을 비유적으로 이르는 말'이라고 적혀 있었다. 그 단어의 뜻을 보면서 나는 잠깐 생각에 잠겼다.

'어수룩하여 이용하기 좋은 사람이라⋯. 그래, 내가 선택한 거니까. 그래, 사람들이 나를 이용해야 나도, 내 고객도 많이 늘어나는 거잖아. 이번 일은 내 의도와 다르게 벌어진 일이라 내가 언짢았지만, 생각해보면 내가 호구 맞네. 나 호구 맞아.'

나는 다시 언니에게 전화해 말했다.

"언니야, 나 호구 맞는 것 같다~"

이후 나는 페이스북에 '나는 호구다'라고 글을 올렸다. 내가 올린 글을 보고 한 분이 페이스북 메시지를 보내왔다. 자기도 비슷한 일로 사람에게 상처를 받은 일이 있어서 '호구'라는 내 글에 깊이 공감했다고 말했다. 그러면서 '자발적 호구니까 괜찮지 않냐'며 위로해주면서 나에게 같은 호구로서 밥을 사주고 싶다고 했다. 나는 그분이 나와 비슷한 일로 상처가 있었다니, 오히려 내가 밥을 사드려야겠다는 마음으로 약속 장소에 나갔다.

그렇게 만난 분이 바로 울산남구청 드림스타트에서 근무하는 사회복지사 박경옥 선생님이다. 처음 만난 사이인데도 우리는 비슷한 점이 너무 많았다. 박경옥 선생님은 지원이 필요한 가정의 학생들을 돌보면서 도움이 필요한 곳과 연결도 하고 있었다.

무엇보다 감동이었던 것은 네 살 된 딸아이의 이름으로 매달 쌀을 기부하고 있었다. 딸의 이름으로 나눔을 직접 실천하고 있는 셈이었다. 그것도 한두 번도 아니고 몇 년째 이어오고 있었다. 그녀를 보면서 참 배울 점이 많은 분이라는 생각이 들었다.

그녀의 말을 들어보니 예전에 아는 분이 나와 비슷한 점이 많은 것 같다며 소개시켜 주고 싶다고 했단다. 그런데 내가 보험설계사라서 선뜻 손을 내밀지 못하고 SNS에서 활동하는 모습만 지켜봐 왔다고 했다. 그러면서 꿈파쇼도 어떤 목적이 있는 건 아닐까 오해했다며 자신의 속마음을 이야기해주었다.

그런데 내가 쓴 '호구'에 관한 글을 보자, 내 마음을 너무 잘 알 것 같아서 먼저 연락을 하게 되었다고 했다. 이후 박경옥 선생님은 크고 작은 일로도 내게 많은 도움을 주었고, 꿈파쇼의 정회원이 되어주었다. 그리고 꿈파쇼에도 수익금이 늘고 있었던 터라 박경옥 선생님이 담당하고 있는 가정에 1년간 후원을 하는 등 일을 함께 하면서 인연을 이어가고 있다.

사람은 어디서 어떻게 만날지 모른다. 솔직한 글 하나가 다른 사람과 이어지는 소통 도구가 되다니, 나의 호구 짓이 또 다른 소중한 인연을 만들어주었다.

그림에도 내가 이 일을
하는 이유

한빛갤러리가 터져나갈 만큼 많은 사람들로 북적이기 시작했다. 32회 '꿈파쇼' 때의 일이다. 현장은 꿈파쇼 1주년, 2주년 기념행사를 준비할 때의 비상함이 엿보이는 듯했다.

십시일반 마음을 모으고 함께하고 싶다는 마음의 힘이 이만큼 크다는 것을 다시 느낀 7월이었다. DJ 로이 이제윤의 멋진 공연이 오프닝 행사로 시작되었고, 나는 5분 만에 목이 다 쉬어버렸다.

나는 꿈을 파는 여자다. 꿈파쇼는 다른 많은 이들에게 꿈에 대한 가능성을 이야기하고픈 내 열망에서 시작되었다. 꿈파쇼를 통해 격려를 받은 사람들은 "그토록 원하던 꿈을 드디어 이룰 수 있게 되었다"라고 말하곤 한다.

그들에게 감사의 말을 들을 때면 나는 이것이 나 혼자만의 꿈이 아님을 느낀다. 한 사람의 꿈은 다른 사람에게 영향을 미치고, 굉장히 빠른 속도로 전파된다. 내 옆에 있는 사람이 행복하면 그 행복이 바이러스처럼 퍼지는 것, 그것이 '꿈파쇼'가 바라는 바다.

출연진들은 자신에게 기회를 만들어줘서 고맙다고 하고, 청중들은 이런 좋은 강의를 듣게 해줘서 고맙다고 한다. 하지만 나는 오히려 이분들이 있었기에 내가 존재할 수 있었다고 생각한다. 결국 나를 빛나게 해준 것은 꿈파쇼와 함께하는 그들이다. 꿈파쇼의 모든 과정들은 나의 꿈이었으니 결국 내 꿈을 이뤄준 것은 그들이라고 할 수 있다.

꿈파쇼의 수익금은 몇 년째 청소년들에게 문화교통비로 후원하고 있다. 처음엔 수익금으로 무엇을 할까 고민했다. 어린 시절 나도 다른 사람의 후원으로 도움을 받은 적이 있다고 엄마가 말해주었다. 어른이 되어서야 알게 된 사실이었다. 그런데 어른이 된 나는 이제 내 고향인 울산 동구의 남목청소년문화의집에 청소년 교통비를 후원하게 되었다.

중학생이었을 때 나는 허리디스크로 걷기 힘들었던 적이 있었다. 용돈도 넉넉지 않았기에 항상 아쉬웠지만, 무엇보다 버스 타는 데까지 걸어가는 게 40분 이상 걸리니 허리가 아픈 나로서는 힘든 일이었다. 그때를 생각하면 지금도 서럽다.

그런데 하루는 꿈파쇼를 운영하기 위해 받은 참가비 1만 원으로 김밥, 음료를 사고 현수막까지 만들었는데도 5~8만 원 정도 돈이 남았다. 의도치 않게 돈이 남았지만 나는 기쁘지 않았다. 강의료라고 챙기기에도 찜찜하고, 어디 좋은 데 쓰려고 해도 표시도 안 날 정도의 액수였기 때문이다. 그렇다고 도와주신 분들과 식사라도 하려니 부족한 돈이라 이러지도 저러지도 못하고 있었다.

그러던 어느 날 울산 YMCA의 교육문화팀에 근무하는 친한 동생이 "언니, 그 정도 돈이면 우리 산하기관인 청소년문화의집에 학생들 교통비로 후원할 수 있을 것 같아" 하는 게 아닌가. "교통비?" 하고 내가 다시 묻자, 그녀는 이렇게 말했다.

"버스비가 부족해서 걸어 다니는 학생들이 있어. 버스를 타면 20분이면 될 거리를 한 시간씩 걸어서 등교하거든."

그녀의 이야기를 듣고 나는 전율이 돋았다.

"정말? 요즘에도 그런 애들이 있어? 한 달 교통비가 얼마나 드는데?"

"5만 원이면 한 달 교통비 되지. 애들한텐 정말 큰 혜택이 될 거야."

그녀의 말에 나는 "그럼 바로 해야지" 하고 승낙했다. 그렇게 나는 YMCA 김나연 부장의 소개로 꿈파쇼 수익금을 청소년 기관에 문화교통비로 후원하게 되었다. 그런데 기관을 방문해서 사정을 들어보니 그런 학생이 몇 명 더 있었다. 그래서 꿈파쇼에 이런 사정을 소개했더니, 그 자리에서 바로 몇몇 분이 그 학생들의 문화교통비를 더 후원하겠다며 자발적으로 나서주었다.

이후 그 아이들이 캠프를 간다고 하면 후원금으로 간식도 챙겨주고, 문제집이 부족할 때는 문제집으로 후원하면서 꿈파쇼 회원들과 나눔을 실천하기 시작했다. 그러자 한 분은 명절에 선물세트를 들고 와서 학생들에게 전해주라고 심부름을 시키는가 하면 옷도 가져다 주라며 하는 통에 일이 엄청 늘어났다. 하지만 나는 마냥 즐겁기만 하다.

하나둘 나누고 있다는 뿌듯함을 공유하면서 협찬사 후원도 늘어나기 시작했다. 울산 적십자미소봉사회에서 활동하는 〈열린창업신문〉 김미숙 지사장님은 아이들 장난감과 교복 후원도 챙겨주었고, 화목봉사회 박홍순 회장님은 명절 때 아이들을 위해 쌀이며 식용유, 쌈장, 고추장, 된장까지 한 차 가득 싣고 와 청소년 단체에 힘을 실어주었다. '파인우드'라는 원목가구를 제작하는 대표님은 직접 책상을 만들어서 책상이 없는 학생에게 전해주고 싶다고 해서 책상 갖는 게 꿈이었던 한 중학생에게 전달되어 서로 감사하다는 인사를 나누기도 했다.

하루는 웃지 못할 해프닝도 있었다. 다문화 가정 학생이 신발이 작아서 학교 체육 시간에 나가지 못하고 있다고 하자, 기아자동차 정성만 부장님은 신발 한 켤레를 사서 청소년 기관으로 달려가기도 했다.

나는 봉사가 뭔지 잘 모른다. 기부가 뭔지도 잘 알지 못한다. 예전에는 여유 있고 돈 있는 사람이 하는 것이 나눔이고 봉사라고 생각했다. 내가 충분히 먹고 살 만하고, 남한테 줄 만큼 남을 때 나눌 수 있는 것이 나눔이고, 기부며, 봉사라고 생각했다. 하지만 남은 5만 원을 청소년 문화교통비로 후원하면서 선하고 따뜻한 취지가 사람들에게 전해졌고, 많은 분들이 동참하고 영역도 확대되어 갔다. 그러면서 나는 이게 기부이고, 나눔이며, 봉사라는 것을 알게 되었다.

결국 내 마음 편하자고 한, 작은 이기심이었을 수도 있는 행동이 많은 사람들과 함께하는 영향력이 된 것이다. 함께하는 그분들 역시 미래를 이끌어갈 학생들이 좀 더 수월하게 자신의 꿈을 이뤄가길 바라는 마음일 것이다.

나눔이 준 선물

나눔은 특별한 것이 아니라 내가 받은 것을 돌려주는 것이다. 사람들은 나에게 선한 영향력을 행사한다고 말하지만, 내 입장에서 나눔은 작은 이기심을 해결하는 수단이다. 내가 말하는 이기심이란 '돌려주고 싶은 욕심'이었다. 개인적으로는 어릴 적의 상처를 치유하는 것인데, 그러기 위해 좋은 일을 하고 싶었던 것이다.

과거 내 마음의 빚을 갚아보고 싶다는 작은 마음이 지금의 나를 만들었다. "꿈이 없으면 죽은 자와 같다"라는 말이 있다. 나는 그 말을 정말 좋아하는데, 사람의 꿈을 찾아주고 생생하게 꿈꿀 수 있게 해주는 것이 사람을 살리는 일이라고 생각한다.

꿈파쇼가 있는 날은 나에게 한 달 중 가장 중요한 날이다. 그날만큼은 아이들에게 미안할 정도로 늦기 때문에 꿈파쇼가 어떤 일을 하고 있으며, 수익금으로 누구를 후원하는지를 상세히 알려주었다. 그러자 둘째아들은 그동안 모아두었던 10만 원을 들고 나와 그 돈도 함께 보태 도움을 주라고 했다.

아들이 얼마나 어렵게 모은 돈인지 알고 있는 엄마로서 아깝다는 생각도 들었다. 그래서 그러지 않아도 된다고 했더니 아들은 오히려 나에게 이렇게 말했다.

"엄마, 후원해서 도움을 주려면 제대로 줘야지. 버스 타러 가보면 버스정류소 앞에 항상 마트가 있거든. 거기서 기다리다 보면 이것저것 얼마나 먹고 싶겠노. 5만 원 가지고 버스만 타라고? 어중간하게 왜 돈을 그렇게 줘? 근데 대신 조건이 있어. 나보다 큰 형들이나 내 또래한테는 후원하지 말고 나보다 나이 어린 동생에게 후원해주면 좋겠어."

아들의 대답을 들으며 대견하면서도 웃음이 나기도 했다. 마음 한편에는 자부심도 들었다. 내가 하고 있는 이 일이 아들에게 미안한 일이 아니라 사회적 유산을 물려주고 있다는 자부심 말이다.

행동 변화를 일으키는 질문

—

1. 당신이 그것을 하고 싶은 이유는 무엇입니까?

_____

_____

_____

2. 그것이 이루어지면 당신의 삶이 어떻게 달라질 것 같은가요?

_____

_____

_____

3. 그것을 통해 당신이 이루고 싶은 진짜 목표는 무엇입니까?

_____

_____

_____

4. 그것을 이룬다면 당신은 어떤 사람이 되는 것입니까?

_____

_____

_____

4장.

당신이 바로 영웅입니다
- 꿈파쇼 울산 영웅 출연진 이야기

나를 움직이게 하는 힘은
결국 '사람'이다

요즘 나는 내 주위 사람들이 '파도'라는 생각이 든다. 그리고 나는 파도 위에서 '배'를 타고 있는 것 같다. 파도가 물결을 일으켜 배를 목적지에 닿게 해주듯이 사람들 때문에 나는 내 꿈을 향해 더 가까이 가고 있다. 나는 단지 하고 싶어서 시작한 것인데, 하나하나 모든 것들이 내 일과 내가 원하는 방향으로 가고 있다. 그런데 사실 이 모든 것들은 내가 아니라 사람들이 그렇게 만들어주었다.

사실 꿈파쇼도 '사람'에서 시작되었다. 강의를 들은 누군가가 "다음 강의는 언제예요?"라고 말한 한마디의 질문으로 만들어졌다. '무엇인가를 기획하고 싶다'라는 거창한 생각에서 만들어진 것은 단 한 가지도 없었다. 주위 사람들이 내가 그렇게 되도록 만들어주었다.

누구에게나 자신이 가진 재능과 강점이 있다. 나는 절대 안 되는 일이 누군가에겐 너무 쉽고 간단한 일이 되는 경우도 있다. 그래서 사람들이 모여야 일이 착착 진행된다.

오랫동안 워킹맘으로 지내면서 나는 요리 감각을 잊은 지 오래다. 내가 직접 요리한 음식보다 사 먹는 게 더 맛있고 돈도 덜 든다. 이런 나와 달리 김이란 언니는 다른 사람을 위해 요리할 때 가장 행복하고 기쁘다고 한다.

예전에 신규영 대표님을 울산으로 모셔 와인 특강을 한 적이 있었다. 안주와 핑거푸드를 어디서 사야 하는지 몰라 고민하고 있는데, 이란 언니는 30인분의 핑거푸드와 연어초밥, 샐러드 등 눈이 휘둥그레질 만큼의 음식을 혼자서 다 준비해 내왔다. 이후에도 언니는 내게 종종 도움을 주었고, 나의 고맙다는 인사에도 "네가 좋아하니까"라며 자기도 즐겁다고 말했다.

부족하다는 것은 무조건 마이너스로만 작용하지는 않는다. 부족하기에 다른 사람과 함께 어우러져 살아가는 게 사람이다. 내가 부족하기에 꿈파쇼 운영위원들이 생겼고, 내가 부족하기에 능력 있는 많은 사람들이 나와 함께해주고 있다.

사실 꿈파쇼는 어떤 의미에서 보면 강연자들의 '상처'에 관한 이야기다. 그런데 그 이야기가 누군가에게는 큰 힘이 된다.

한편으로 '꿈파쇼'는 강연자의 강의를 듣기 위해 모이는 자리다. 하지만 말하는 강연가에게도 의미 있는 자리다. 그들은 남들 앞에서 자신의 상처를 이야기하면서 스스로 힐링이 된다고 말한다. 그들이 느끼는 힐링은 청중들에게도 전파된다. 그리고 꿈을 위한 나눔은 결국 또 다른 꿈의 성취를 만들어낸다.

내가 생각하는 나눔은 누군가의 장점이나 강점을 알아챌 수 있도록 돕는 것이다. 그 과정을 통해 사람은 또 다른 의미의 '새 사람'이 된다. 새로운 인생이 시작되는 것이다!

누구에게나 말로 표현할 수 없는 환희의 시기가 온다. 그때가 반드시 성공을 뜻하는 때는 아닐 수도 있다. 오히려 어려움을 딛고 올라설 수 있는 계기의 시간일 수도 있고, 1인치의 용기를 내는 순간일 수도 있다. 그럼에도 그 시간들이 켜켜이 쌓여 우리는 행복에 더 가까워진다.

나는 여전히 누군가를 성장시키고 싶어서, 누군가의 꿈이 이뤄지길 돕고 싶어서 이 일을 계속한다. 내가 하고 싶어서 시작했다기보다 누군가의 성장을 돕기 위해 시작한 것이다. 결국 나를 움직이는 많은 부분은 '사람'이었다.

자동차를 매일 한 대씩 파는 남자

– 기아자동차 전국 판매왕 정성만 부장

평소 내가 존경하는 한빛치과갤러리의 이선희 이사님이 울산 영웅으로 추천하고 싶은 사람이 있다며 연락해오셨다. 같은 건물에 있는 기아자동차 영업소에 계신 분인데, 매일 자동차를 한 대씩 판다는 놀라운 소식을 전해주었다. 나는 내 귀를 의심했다.

나도 삼성화재 상위 3%에 AMC 멤버이고 보험 영업을 꽤나 했던 사람인데, 매일 계약을 했던 적은 없었다. 그런데 화장품이나 책도 아니고 몇천만 원이나 되는 고가의 자동차를 하루에 한 대씩 판다고 하니 믿기지가 않았다.

이선희 이사님의 추천으로 나는 자동차 판매왕을 만나러 기아자동차 영업소에 방문했다. 때마침 그가 당직이었는데, 멀리서도 훤히 보일 만큼 미남이었다. '얼굴로 파시는구만' 하는 선입견으로 그와 인사를 나누었다. 그런데 웬걸! 그는 첫인상과 달리 정말 내성적인 성격이었다. 서로 인사를 하는데 명함을 건네기 쑥스러워하는 정도 였다. 말하는 데도 청산유수가 아니었다. 그냥 조근조근 찬찬히 말 했다.

마침 매장으로 고객이 들어와 시승을 하는데, 그는 마치 최고급 호 텔에 방문한 손님을 모시는 매니저처럼 절도 있고 매너 있게 고객들 을 응대했다. 그가 고객들을 응대하는 동안 나는 옆 테이블에 앉아 기다리며 그를 지켜보았다. 그런데 그에겐 다른 점이 있었다! 그냥 지나가다 들른 고객 한 분에게조차도 이미 계약한 사람을 대하는 양 친절하고 신속하게 응대하는 모습이 인상적이었다. 그리고 편안한 미소와 강렬한 눈빛이 카리스마로 남았다. 순간 '아, 매일매일 계약 하시겠구나' 하며 나도 모르게 그의 매너에 빨려 들어갔다.

정성만 부장은 울산 서생이 집인 일명 울산 촌사람이다. 울산대 체 육학과 출신인 그는 대학 시절엔 공부를 하기보다 즐겁게 많이 놀았 다고 유쾌한 웃음을 주었다. 집안이 서생이다 보니 가족들이 지역농 협 조합장님과 친분이 있었고, 졸업할 때 운이 좋아 조합장의 추천으 로 농협 특채로 입사할 기회를 얻었다.

그러다 신문에서 기아자동차 영업공채 모집 공고를 보고 심장이 뛰어 그냥 서류를 냈는데 턱하니 합격을 했다. 농협 특채로 입사해 3 일 정도 다녔는데, '젊은이여 기아자동차로 모여라'라는 합격 통지서 를 받고 한참을 고민했다. 농협에 입사할 수 있도록 힘써 주신 조합 장님을 찾아가 기아자동차의 합격 통지서를 보여드렸더니 황당해하며 대꾸도 거의 하지 않으셨다.

일주일 안에 결정을 내려야 해서 주위 친구들, 선후배들에게 물어보니 9대 1로 모두 농협에 남는 것이 옳다고 답했다. 그런데 한 여자 후배가 "오빠는 농협보다 기아자동차에서 자동차 영업 하면 더 잘하고 행복할 것 같아"라고 말하는 것을 듣고 기아자동차 연수원으로 입사했다. 그 여자 후배가 바로 현재 그의 아내다.

기아자동차 연수 중에도 농협 조합장님은 "너거 아버지가 너 입사 시키려고 얼마나 고생했는데… 니가 그러면 안 된다"라며 설득했다. 하지만 그는 직업이란 자신에게 맞는 옷을 입어야 한다는 생각이 강했다. 한 달 동안 연수를 받으면서 그 신념은 더 확고해졌다.

기아자동차의 신입사원이 되어 회식을 하던 날, 그는 건배를 제의하는 자리에서 벌떡 일어나 자신의 꿈을 발표했다.

"선배님들, 제가 오늘 결심했습니다. 선배님들 응원을 받고 싶습니다. 저는 꼭! 기아자동차 전국 판매왕이 되겠습니다!"

그의 패기 넘치는 외침에도 불구하고 순간 술자리가 조용해지는가 싶더니 "니가 무슨", "여기가 어디인 줄 알아? 여긴 울산이다. 현대자동차 공장이 있는 데서 기아자동차 전국 판매왕이 되겠다니…" 하면서 비아냥만 쏟아졌다. 그때 그는 마음속으로 '그럼 내가 한번 해봐야겠다' 하고 의지를 다졌다.

하지만 그의 결심만큼 판매왕은 쉽지 않았다. 신입사원은 입사하면 하루에 명함을 200장 받아와야 하는 업무가 있었는데, 그는 그 업무가 너무 힘들었다. 다른 동기들은 200장 이상 받아오는데, 그는 힘들어서 못하겠다고 이야기했다가 혼자만 못한다고 구박을 받았다. 내성적인 성격의 그는 이후에도 자동차 영업사원들이 거리에 나가 현수막을 들고 인사하는 자리에도 차마 부끄러워 참석하지 못했다. 점점 주변 선배들의 시선이 따가워지기 시작했다.

그러던 어느 날 그는 울산의 유명한 5일장 태화장터를 지나게 되었다. 그런데 태화장터에 몰려드는 사람들을 보니 번뜩이는 아이디어가 떠올랐다. 홍보 활동이 결국 자동차를 잘 팔기 위한 것이라면 '내가 나갈 게 아니라 고객들이 나에게 오게 하면 되겠다' 하는 생각이 들었던 것이다.

그날부터 그는 고객이 자신을 찾아오게 할 전략을 짜기 시작했다. 1억 원을 벌려면 1년에 몇 대를 팔아야 하는지를 계산하며, 1대 100 법칙을 만들어 활동 룰로 사용했다. 그런 식으로 계산해보니 1억 원을 벌려면 1년에 100대를 팔면 된다는 간단한 원리를 알게 되었고, 그러려면 한 달에 8대, 주간 2대 식으로 시간을 쪼개 전략대로 움직였다. 그의 전략은 정확하게 맞아떨어졌다. 그는 입사 3년 만에 울산 판매왕이 되었고, 연이어 경남 판매왕이 되었다.

하지만 전국 판매왕은 쉽지 않았다. 그러다 자신을 판매왕으로 만들 수 있는 모임이나 만남이 있으면 좋겠다는 생각이 들었다. 지인들 중 그의 성공을 돕고, 진정 기뻐해주며, 그의 영업을 객관적으로 냉정하게 분석해주는 사람들을 모아 '석세스 클럽'이라 명하고 같이 하는 시간을 갖게 되었다.

그 자리에 모인 이들은 그의 세일즈에 대해 진심 어린 충고와 애정

고객의 삶과 그들이 하는 일이 행복하고 즐거워지길 바란다고 말하는 진정성 넘치는 사람, 정성만 부장

어린 이야기를 들려주었다. 그들의 피드백에 그는 너무 답답하고 한편으로는 화가 나기도 하여 자신의 허벅지를 세차게 꼬집어야 하는 상황이 몇 번이나 있었다고 했다. 하지만 그는 그 모임에서 외부에서 바라보는 자신의 세일즈와 자기가 나아가는 방향에 많은 차이가 있다는 사실을 깨달았고, 고객이 원하는 세일즈맨에 대해 철저히 분석하고 적용해가기로 다짐했다.

그 결과 그는 하루에 한 대씩 자동차를 계약하는 '기아자동차 전국 판매왕'이 되었고, 울산이라는 지역을 극복하고 9년을 이어가는 기아 판매왕 수상자가 되어 많은 세일즈맨들에게 희망이 되고 있다. 끊임없는 그의 노력은 지금까지도 계속 이어져오고 있으며, 석세스 클

럼은 그러한 결과를 만들어내는 데 큰 역할을 해주었다.

그가 판매 확장을 할 수 있었던 결정적 요인은 그의 끊임없는 피드백과 열정에 있었다. 소개 판매가 많고, 전국적으로 확대해 영업하다 보니 얼굴을 보지 않고 전화나 카톡으로 여러 대를 계속 거래해주는 고객들도 많다고 한다. 그와 만날 때가 몇 번 있었는데, 그때마다 그는 계속 카톡을 하고 있었다. 그래서 내가 한번 타박하듯 건의를 했다.

"식사할 때라도 폰은 좀 내려놓으이소~ 언제 식사하세요~?"

그러자 그는 이렇게 답했다.

"내 고객이 나를 찾을 때 소통해야 해요. 밥은 먹어도 되고 안 먹어도 되는 거니까."

그는 내성적인 성격 때문에 오히려 카톡 영업이 더 잘 맞는다고 했다. 전국 자동차 판매왕이 내성적이라니! 여러 가지 패러다임을 깨는 시간이었다. 점심시간에 고객에게 전화가 오면 그래도 최대한 정중하게 식사한 뒤 이따가 전화해도 괜찮겠냐며 동의를 구하던 내 모습이 부끄러웠다.

나 역시 타 지역에 계신 고객분들에게 자주 찾아뵙지 못해 죄송하지만, 지역 거리상 어쩔 수 없다고 합리화하면서 그래도 보험금 청구나 문의 사항이 있어 전화하시면 반갑게 맞이하며 일처리를 했다고 생각했다. 그런데 그는 전국에 있는 수많은 고객들 중 얼굴도 모르고 만나지도 않은 고객들이 많음에도 불구하고 편안하게 소통하면서 좋은 관계를 이어가고 있다니 놀랄 노 자였다.

도대체 그게 어떻게 가능하지? 그의 세일즈 비법이 더욱 궁금해지는 대목이다. 그래서 물었더니 그의 대답은 이랬다.

"나한테 차량을 소개해주는 포스트맨(Post Man)이 400명 정도 있습니다."

포스트맨은 또 뭐지? 포스트맨이란 ① 1년에 자동차 한 대를 소개해주거나 본인이 차를 구입하는 사람, ② 그를 위해 기도해주고 그의 성장을 기뻐해주는 사람, ③ 그의 팬덤이다. 나는 그의 설명을 듣고 "야~" 하며 감탄에 감탄을 했다. 그런 분들이 40명도 아니고 400명 정도 있다니, 보험 영업을 하는 나로서는 귀가 쫑긋해지는 대목이었다.

그에게 어떤 매력이 있는지 궁금했는데, 그와 자주 만나 소통하면서 나는 자연스럽게 깨닫게 되었다. 그는 자신과 호흡이 맞는 고객들과 소통하려 애쓰고, 그들의 삶과 하는 일이 행복하고 즐거워질 수 있도록 진심으로 기도하는 진정성 넘치는 사람이었다. 그렇다 보니 포스트맨들의 포스트맨이 되고 있었다. 결국 그는 '함께 성장'이라는 큰 틀을 스스로 실천하고 있는 사람이었다. 그가 하루에 한 대의 차를 판매할 수 있었던 데는 1년에 한 대를 소개해주는 400명의 포스트맨에게서 답을 찾을 수 있었다.

계약하는 데 이렇게 객관적이고 간단한 방법이 있었다니? 그를 만나고 오면서 나의 보험 영업에 포스트맨은 몇 명이나 될까를 생각해보았다. 그리고 나의 키맨을 내가 소홀히 대하고 있었던 것은 아닐까 돌아보았다. 가망 고객의 열쇠는 포스트맨과의 소통에 있고, 무의미

하고 막연한 영업 활동은 하지 않는다는 그의 이야기에 마음이 움직이고 두 손이 불끈 쥐어졌다. 그리고 같은 영업인으로서 존경하는 마음이 절로 들었다.

그는 자신에게 차를 구입하는 고객이 오히려 운이 좋은 것이라고 자신 있게 말한다. 그가 꿈파쇼에 강연하러 온 날에도 한 참가자가 그에게서 차를 구입하고 싶다고 말했다. 모두 '오늘도 한 건 하셨다'라고 생각하며 그를 쳐다보는데, 그의 반응은 예상 밖이었다.

"제게 차를 사고 싶어 하는 사람은 이미 줄을 서 있습니다. 그러나 아무에게나 제게 차를 살 수 있는 기회를 드리지는 않습니다."

그의 반응에 모두들 어리둥절해하고 있는데, 그의 설명은 이러했다. 그는 할인과 서비스를 내세우는 일반적인 영업을 하지 않는다. 대신 차를 구입하기 전에 얼마나 많은 고민을 했으며, 차를 구입하는 것이 인생에 얼마나 큰 이벤트이며 사건인지, 그 차가 그 집에 어떤 역할을 할 것인지 등을 물으며 고객과 충분히 소통하고 상담한다. 어떤 차종을 구입하고 싶은지를 묻는 일반 사원들과는 차원이 다르다. 그리고 그의 세심한 질문에 열에 아홉은 고마워한다.

많은 고객들이 세일즈맨을 대할 때는 자신도 모르게 '갑'이 된다. 그런데 그는 고객이 자신에게 차를 구입해줘서 고마운 게 아니라, 그 차를 사기 위해 얼마나 소통하고 준비했는지를 알아보고 그런 질문을 하는 자신이 고객에게도 얼마나 중요한 사람인지를 인지시킨다. 갑을의 관계가 형성되지 않는 것이다.

그는 자동차 계약을 하는 그 중요한 순간을 아름답고 멋지게 장식

해준다. 그의 영업의 핵심은 단순히 고객에게 자동차를 한 대 판매하는 세일즈가 아니라 자신이 고객에게 스스로 가치를 높이고 고객도 자신을 신뢰하도록 하는 데 가장 큰 의미를 둔다.

영업을 사람들은 3D 직종이라고 한다. 고객의 비위를 맞춰야 하고, 힘들어 죽겠는데 판매는 더 어렵다고 생각하기 때문이다. 결국 갑과 을의 관계라고 생각하기에 더 힘들다 느끼는 것이다. 정성만 부장을 보면서 영업의 정의를 새로 생각해보았다.

'영업이란 자신의 고객을 행복하고 즐겁게 해주기 위해서 마음을 쏟고, 고객과 소통하면서 매력적인 인생의 가치관을 전달하는 일이다.'

열정의 메신저
– 문무태권도 차형찬 관장

'울산 영웅 프로젝트'를 시작한 지 시간이 좀 흘렀다. 자신의 삶에서 극적인 변화를 만든 영웅 같은 사람은 없을까? 자신의 어려움을 극복하고 꿈 앞에 당당히 선 사람을 찾을 수 있기를 간절히 바라고 있었다. '꿈파쇼'의 무대는 바로 그런 사람들을 위한 무대이기 때문이다.

그러다가 울산 YMCA에 문화교육 기획을 담당하는 지인의 연락을 받았다. 레크리에이션을 하는 체육관 관장님을 추천하고 싶다는 내용이었다. '체육관 관장님이라고? 게다가 레크리에이션을 한다고?' 두 가지 사실이 쉽게 연결되지 않는 조합이었다.

처음엔 단순히 열심히 운동을 하는 분으로, 힘들었던 연습 시절 스토리 정도를 가진 분이라고 생각했다. '어쩌면 조금은 빤한 스토리일 수도 있겠구나' 하면서 큰 기대를 하지 않았다. 하지만 평소 내가 하는 일에 많은 관심을 갖고, 장소 협찬도 해주면서 마음을 많이 써주는 지인이라 뭐라도 건질 요량으로 소개 받은 관장님을 만났다.

처음 만난 자리, 눈인사를 하고 악수를 하는데 화들짝 놀랐다. 소개 받은 관장님의 손은 펄펄 끓는 기름통 속에 들어갔다가 나온 것처럼 희멀건한 색으로 주름이 잡혀 있었다! 화상의 고통을 이겨낸 분이라는 이야기를 얼핏 듣긴 했는데, 이 정도로 심각한 줄은 몰랐다. 단순한 화상 자국이 아닌 화마로 온몸을 뒤덮은 무슨 사건이 있었던 게 분명했다. 그게 우리의 첫 만남이었다.

이름은 차형찬, 그는 자신을 '좌절 전문가'라고 불렀다. 사실 좋은 의미의 전문가들도 많이 있는데, 유독 부정적인 이미지가 느껴질 수도 있는 '좌절'을 자신의 전공 분야라고 말하는 그를 보며 갸웃했다. 하지만 나는 이내 그의 호탕한 모습에 '멋진 사람'이라는 생각을 했다.

차형찬 관장은 세상에서 유일한 '온리원(Only One)' 좌절 전문가였다. 이제부터 그의 이야기를 차근차근 들려주려 한다.

결혼식을 일주일 앞둔 그는 행복한 결혼생활을 꿈꾸는 평범한 예비 신랑이었다. 결혼 자금이 충분하지 않아서 도시가스도 들어오지 않는 허름한 주택에 신혼집을 얻게 되었다. 누구나 그렇듯이 여유 자금을 모아 더 나은 곳으로 이사해야지 하며 꿈꾸던 '희망 빵빵한' 평범한 젊은이였다.

결혼을 앞두고 그는 신혼집을 꾸미기에 바빴다. 그 당시로서는 제법 값나가고 귀하던 내비게이션을 구입했는데, 혹여 누가 훔쳐갈까 봐 불안해 신혼집에 놔두려고 출근길에 잠깐 들렀다. 그런데 그게 화

근이었다!

마침 2층에 살고 있던 주인아주머니가 뭔가 수리를 요청했는지 유니폼을 입고 일하는 기사 한 분이 눈에 들어왔다. 집 주인에게 간단히 인사를 하고 신혼집의 현관문을 열었다. 그런데 그 순간 쉬~ 하고 물을 틀어놓은 듯한 소리가 들리는가 싶더니, 싱크대 쪽에서 하얀 연기와 함께 파란 불꽃이 번뜩였다.

"쾅!!!!!"

엄청난 폭발음과 함께 LPG 가스통이 그의 눈앞에서 터졌다! 정신을 잃은 그의 몸이 공중에 붕~ 뜬 채 나가떨어졌다. 폭발과 함께 주택의 철재 대문은 물론 벽도 무너져내렸다. 물 새는 소리라고 생각했던 그 소리는 LPG 가스가 새는 소리였던 것이다.

잠시 후 그는 119에 실려 갔다. 그의 귓가에 간호사들과 의사들이 대화하는 소리가 들렸다. 생명을 부지하기 힘들겠다는 이야기였다. 급히 달려온 어머니는 그의 이름을 부르며 혼절하셨다. 1분 1초도 아까운 급한 때였는데, 차가 막혀 시간은 지체되고 고통은 가중되었다. 그는 희미한 의식 속에서도 "저 좀 살려주세요…" 하며 외마디 중얼거림을 내뱉었다. 그리고 곧 그의 의식은 차츰 희미해져 갔다.

그도 그럴 것이 그는 전신 36퍼센트의 깊은 3도 화상을 입었다. 살은 모두 녹아내렸고, 희망조차 없다는 이야기를 희미한 정신 상태에서 들으며 참담한 심정으로 가냘픈 숨만 몰아쉴 뿐이었다. 치료를 받고 나서 나중에서야 불행 중 다행으로 가스를 많이 마시지 않아 피부이식 수술을 잘하면 사는 데 큰 지장이 없을 것이라는 이야기를 들었

어제보다 나은 오늘의 나를 만나기 위해 항상 고민하고 노력하는 온리원, 차형찬 관장

다고 한다.

가까스로 생명은 건졌지만, 그의 얼굴은 퉁퉁 부어 앞도 제대로 보이지 않았다. 열기에 한 덩어리로 녹아내려 붙어버린 손가락, 찌르는 듯한 화상의 고통…. 이 모든 것들이 앞으로 그의 삶을 막막하게 만들었다. 육체적으로 너무 힘든 나머지 그는 온갖 환청을 듣는가 하면, 중환자실에서의 두려움 때문에 소스라치게 놀란 적도 많았다. 무엇보다 중환자실에서 매일 죽어나가는 옆 환자들을 보면서 온몸을 짓누르는 듯한 압박감과 고통을 느꼈다고 한다.

화상 치료는 너무 고통스러웠다. 외롭고 고독한 자신과의 싸움이었다. 상처 부위의 피부를 잘라내고 연고를 바른 후 다시 붕대 감는 것을 반복하길 여러 차례, 그의 고통은 말로 다 표현할 수 없는 것이었다. 피부이식 수술 이후 수술이 성공적이었다는 담당 의사의 말은 한 가닥 희망이었다. 하지만 붕대를 벗긴 후 거울을 보았을 때, 그는 '육포 덩어리' 같은 다리와 '헐크' 같은 자신의 이상한 팔을 보고 깜짝 놀랐다.

"선생님, 이거 누구 거예요? 이게 제 팔이라고요?"

몇 번을 묻고 또 물었다. 그럴 때마다 의사 선생님은 고개를 숙인 채 묵묵히 치료만 해주었다. 그뿐만이 아니었다. 그의 얼굴은 눈썹이 다 타고 없어진데다 일그러진 낯선 모습이었다.

병문안을 오는 지인들의 한숨소리, 40도의 고열로 인한 경련, 창자를 끊어내는 듯한 10번이 넘는 수술의 고통, 앞으로 어떻게 살아야 할지 걱정스럽기만 한 마음…. 그에겐 이 모든 것들이 견디기 힘든 일들이었다. 차라리 죽고 싶었다. 고통에서 자유롭고 싶은 마음뿐이었다.

하지만 삶에 대한 희망이라곤 눈곱만큼도 없던 그에게 희망을 말하는 두 명의 여인이 있었다. 바로 그의 어머니와 예비신부였다. 병원 여기저기를 다니면서 고통과 싸우고 있는 힘든 사람들의 이야기를 듣고 와서 "이래도 산단다"라며 아들을 위로하고 용기를 주는 어머니였다. 그리고 예비신부는 "당신 얼굴 잘생기면 뭐하겠어. 나만 되면 된 거 아니야? 당신 결혼 전보다 더 잘생겼으니까 걱정하지 마"라며 그를 안아주었다. 결국 그를 죽음이라는 어둠에서 건져 올린 것은 가족이었다.

가족의 격려로 삶의 희망을 지켜가던 그에겐 더 큰 시련이 있었다. 그는 원래 태권도 사범이었다. 그런데 지울 수 없는 화상 자국과 부자연스러운 몸 상태로는 쉽지 않은 일이었다. 다른 직업을 구해볼까도 했지만, 화상 입은 그의 얼굴과 신체 때문에 면접부터 매번 탈락의 고배를 마셔야 했다.

그렇게 실패를 거듭하던 그는 잠시 멈춰 숨고르기를 했다. 먼저 자신의 강점이 무엇인지를 찾아보았다. 평소 그는 다른 사람들 앞에서 이야기하면서 지식과 경험을 전달하는 게 즐거웠다. 그래서 '강사'라는 꿈을 떠올리고 자신이 무엇을 할 수 있는지를 검토하기 시작했다. 그 결과 그는 시련과 고통에서 허우적대는 이들에게 웃음과 희망을 주는 레크리에이션 강사로서의 목표를 이루어냈다! 보란 듯이 YMCA 레크리더스로 활동하며 사람들 앞에 당당히 나서기 시작한 것이다.

그로부터 3년 후, 대한태권도협회에서 주최하는 전국 태권도장 경진대회에서 그는 금상을 수상했다. 수상자로서의 특전은 대한태권도협회 소속 강사로 일할 수 있다는 점이었다. 결국 그는 자신의 강점이라고 생각했던 '강사'로서의 역량을 누구보다도 성공적으로 이루어냈다.

포기하지 않았던 그의 삶과 행복은 확실히 빛나 보였다. 그야말로 시련 안에서 자신을 일군 진정한 영웅이었다. 그는 지금 국가대표 선수를 7명이나 배출한 명문 체육관의 관장님으로, 패기 있게 꿈을 이야기하는 '온리원' 관장이다.

많은 사람들이 넘버원(NO.1)이 되기 위해 노력한다. 그렇게 해야만 살아남을 수 있다고 생각하기 때문이다. 그러다 보니 좌절을 경험하는 순간 엄청난 실패를 했다고 생각하며 다시 일어서지 못하게 된다. 사실 넘버원은 자신의 자리를 지키기 위해 항상 경쟁선상에 놓여 있기에 남을 배려하기 쉽지 않다.

하지만 온리원은 다르다. 온리원을 꿈꾸는 사람의 경쟁 상대는 바로 '자기 자신'이다. 따라서 '어제보다 나은 오늘의 나'를 만나기 위해 단지 '조금만 더' 행복할 수 있으면 된다. 그런 의미에서 '무엇을 통해 진정 행복해질 수 있을까?'를 고민했던 차형찬 관장은 진정한 온리원이었다.

무엇보다 그의 이야기는 '남들과 경쟁하면서 고민하지 않아도 될 일을 고민하며 살기보다는 자신의 행복을 위해 후회 없이 노력하라'는 중요한 삶의 메시지를 전해주었다. 자기 자신을 사랑하는 온리원이 되길 선택한 차형찬 관장은 상처를 스펙으로 바꾼 보기 드문 아름다운 영웅이다.

18세에 작성한 꿈의 목록대로
살아가는 사나이
- 사랑의 군고구마 조수현 대표

꿈파쇼에 협찬사로 참여한 김미숙 지사장이 단체 소속이 아니라 오로지 봉사를 위해 활동하고 있는 조수현 대표를 추천했다. 추천 이유를 들어보니, 조수현 대표는 군고구마를 팔아 매년 2,000~3,000만 원씩 치료비가 부족한 학생들을 돕고 있다고 했다.

군고구마를 판다고? 나는 하도 궁금해 도대체 무슨 일을 하는 분이냐고 여쭸더니 원래는 엘리베이터 사업을 하고 있다고 했다. 그런데 단순히 돈을 후원하는 게 아니라 현장에 직접 나가 군고구마를 팔아서 학생들과 주변 사람들을 후원하며 돕는다고 했다. 더구나 일회성으로 끝난 게 아니라 15년째 매년 추운 겨울에 자처해서 그 일을 하고 있다는 설명이었다. 그러면서 지금까지 후원한 금액만도 무려 1억 9,000만 원이 넘는다고 하니 입이 떡 벌어질 만큼 놀랍고 대단하다는 생각이 들었다. 그래서 조수현 대표야말로 꿈파쇼의 주인공이 되어야 한다고 생각했다.

조수현 대표의 고등학교 시절은 그리 평범하지 않았다. 육성회비를 내라는 방송이 나올 때마다 돈을 내지 못하던 그는 학교 뒤 연못가로 자리를 피했다. 그곳에는 그와 비슷한 처지의 학생들이 5~6명 정도 있었다. 당시엔 육성회비를 내지 못하면 왠지 모를 모멸감과 수치심에 학교를 자퇴하는 경우가 많았는데, 그 말고 연못가에 있던 5~6명의 학생들은 결국 모두 자퇴를 했다.

하지만 그는 고등학교를 졸업하고 싶었다. 그가 공부를 하고 싶다고 하자 육성회비 담당 선생님이 반을 대주고, 나머지는 동네 아이들과 주민들이 대주었다. 일명 지역 주민 장학금이었다. 그 장학금으로 그는 무사히 고등학교를 졸업할 수 있었다. 그는 더 공부하고 싶었다. 그러나 돈이 없었다. 그래서 그는 학비를 무료로 지급해주는 세계 제일의 사업가가 되어 원스톱 복지타운을 건설하겠다는 꿈을 갖게 되었다.

그의 꿈은 명확했다. 그러기에 고등학교 2학년 때부터 5년 단위로 80세까지의 목표를 세웠다. 현대그룹의 재벌 정도가 되면 자신이 원하는 대로 할 수 있을 것 같았다. 그래서 꿈을 위해 무엇을 해야 할지 고민하다가 세계 제일의 장사꾼이 되겠다고 목표를 세웠다.

사실 그의 집안 형편이 처음부터 좋지 않았던 것은 아니다. 어린 시절 그의 어머니는 울산 동구에서 닭집을 하셨는데, 하루에 닭을 100마리씩 팔 정도였다. 당시 동구에서 손목시계를 차는 아이들은 딱 세 명이었는데, 조 대표와 그의 누나, 동생이었다.

일을 마치고 돌아오면 그의 어머니는 그날 닭을 팔고 앞치마에 쑤셔 넣었던 돈을 방에 털어냈다. 그러면 어머니의 앞치마에서 나온 돈들이 방 한가득 깔릴 정도였다. 어머니는 새벽까지 돈을 세다가 졸기도 했다.

그의 어머니 꿈은 발레리나였는데, 방앗간 집 막내딸로 태어나 이루지 못한 꿈을 한으로 여기면서 누나에게 올인했다. 그의 누나는 울산여고를 무용으로 입학해 울산에서 1호로 세종대에 입학, 울산 1호로 국립발레단에 들어갔다. 모두 그의 어머니가 벌어들인 돈으로 가능한 일이었다.

그렇게 부유하던 그의 집안은 그가 고등학교 2학년 때부터 기울기 시작했다. 그런 상황에서 육성회비를 대준 친구와 주민들에게 감사하는 마음에서라도 그는 꿈을 꼭 이루어야 했다. 원스톱 복지타운을 건설하기 위해서 지금 무엇을 할 수 있을까 고민하던 그는 3가지 목표를 세웠다. 그 목표는 바로 사교성, 리더십, 그리고 돈을 벌기 위한 사업가가 되는 것이었다.

먼저 그는 현재 상태에서 할 수 있는 사교성부터 키워나갔다. 친구들과 원만하게 지내려면 편안하고, 재미있으며, 빈 의자 같은 친구가 되자고 생각했다. 당시 운동을 했는데, 어떤 사람을 만나더라도 잘 지낼 수 있는 성격을 갖기 위해 연극을 시작했다. 어떤 유형의 사람을 만나더라도 그 유형의 사람처럼 자신이 맞추면 된다고 여겼고, 그 결과 카멜레온과 같은 지금의 성격이 만들어졌다. 계획했던 대로

"봉사를 하면서 가장 큰 수혜자는 바로 나 자신"이라며 꾸준히 봉사를 실천하는 기적의 사나이, 조수현 대표

10년 동안 연극을 하면서 그의 사교성은 극대화되었고, 건달부터 모범생까지 두루두루 친할 수 있었다.

다음으로 리더십을 기르기 위해서는 반에서 어떤 직책이라도 맡아야 할 것 같았다. 하지만 반 대표는 공부 잘하는 아이들만 주로 추천되었고, 최소한 줄반장이라도 되어야 리더가 될 수 있을 것이라는 생각이 들었다. 분석해보니 반장 선거에서 떨어진 학생은 다른 직책이라도 주는 것을 보고 반장선거 날 자기가 자신을 추천했다. 그의 목표는 줄반장이었는데 2표를 받아 운 좋게 그리 되었다. 3학년 때는 본인이 손 들어 부장도 해봤다고 자랑했다.

이후 울산전문대 전자과에 입학해 과 대표에서는 떨어지고, 연극

동아리에 들어가 연극 회장을 하고 총학 업무도 하면서 리더십을 몸소 익혔다. 장교 입대를 하고 싶었으나 떨어지고, 사병으로 입대한 후 자신의 꿈을 이루기 위해 흔들리지 않으며 계속 나아갔다.

대기업 부장까지 해본 후 40대가 되면 내 사업을 하겠다는 계획을 세우고 제대 후 LG산전에 입사했다. 엘리베이터 사업부에 들어가 빠른 진급을 했고 5여 년 동안 다녔다. 엔지니어로 입사했지만 영업, 관리까지 다양한 업무를 접해보았으며, 서른 살이 되었을 때 대리로 퇴사했다.

마지막으로 20년 동안 사업하면서 돈도 많이 벌어봤지만, 그는 바닥 이하로도 내려가 봤기에 겁나는 게 없었다. 그리고 하면 된다는 것도 알고 있다. 집에 딱지를 4번이나 붙여보았다. 처음 딱지가 집안 곳곳에 붙을 때 그의 아내는 '사네 못 사네' 했지만, 두 번째는 덤덤해했다. 그리고 세 번째엔 빨리 붙이고 가라고 할 정도였다. 그에겐 꿈이 있었기에 아무리 힘들어도 중심을 잡고 그 길을 갈 수 있었던 것이다.

그는 꿈을 이루기 위해 내세웠던 3가지 목표였던 사교성, 리더십, 돈을 모두 이루었다. 그것도 그가 고등학교 2학년, 그러니까 열여덟 살에 적었던 꿈의 목록이었다. 그는 사회복지타운을 건설하기 위해 필요한 사회복지사 자격증을 40세에 따야겠다고 적어뒀는데, 정확히 그 나이에 그 자격증을 땄다. 그리고 매년 군고구마를 팔아서 소아암 환자와 주변의 어려운 사람들을 돕기 시작했다.

군고구마를 팔게 된 사연에 대해 많은 이들이 궁금해하는데, 간단히 설명하면 이렇다. 15년 전쯤 부녀회에서 백혈병 환자를 돕기 위한 모금을 하는데, 일일찻집, 호프 바자회 등을 하는 것을 보았다. 저런 식으로 하면 돈을 많이 못 모을 텐데 생각하던 그는 자신이 중간 매개체 역할을 해야겠다는 생각이 들었다.

그때가 마침 겨울이어서 1년만 해보자는 마음으로 대학 때 같이 군고구마 장사를 했던 동생들과 지인들을 겨우 설득해서 시작했다. 그런데 코오롱재단에서 취재를 나와 사랑의 리퀘스트까지 연결되었고, 결국 원하는 목표인 300만 원을 모았다. 그러다 다음해엔 소아암 아이를 돕기로 하고 다시 시작했고, 그 다음해엔 교복 살 돈이 없는 아이들을 도와주기 위해 계속하다 보니 3회 이후부터는 계획적으로 하게 된 것이다.

그렇게 15년이 되었다. 처음 10년간은 개인 인맥이었다. 이후 본격적으로 홍보를 하면서 수많은 인연이 만들어졌다. 선한 봉사를 하는 그를 취재하고 방송에 내보낸 언론 매체와 프로그램도 많았다. '군고구마'와 '조수현'을 함께 검색하면 바로 알 수 있다.

그가 봉사를 하는 데는 그의 어머니의 가르침이 컸다. 닭을 파는 장사를 하는 것도 힘들 텐데, 새벽 5시부터 집을 나서는 어머니는 매번 그 시간에 봉사를 했다. 그의 어머니의 가르침은 분명했다.

첫째, 남을 위해 봉사하며 살라.

둘째, 둥글둥글하게 살아라.

셋째, 남을 도울 때는 대가를 바라지 마라.

그의 어머니 말씀처럼 오랫동안 봉사를 하다 보니 그는 "봉사를 하면서 가장 큰 수혜자는 바로 나 자신"이라고 말한다. 봉사를 시작하면서 그는 전보다 더 건강해짐을 느끼기도 한다고 했다.

최근 조 대표는 낮에 식당도 운영하고 있다. 어머니를 생각하며 사랑의 밥차를 운영하면서 행복 밥상으로 독거노인들에게 식사를 대접하고 있다.

그는 매년 초 아들에게 "나처럼만 살라"고 이야기한다고 했다. 세상 어느 부모가 자신처럼 살라고 자식에게 당당히 말할 수 있단 말인가. 자식에게 그 이야기를 하기까지 그는 얼마나 정직하고 열정적으로 살아왔으며 앞으로 살아갈지 보지 않아도 눈에 선하다. 그런 그를 꿈파쇼에 모실 수 있어 너무 감사했다.

돈이 있다고 모두 남을 도울 수 있는 것은 아니다. 회장이 아니어도 누구나 시작할 수 있다. 단 혼자서 하기보다 후원자와 도움을 주는 많은 분들이 있으면 더 쉽고 빠르게 할 수 있다. 조수현 대표를 보고 있노라면 '꿈을 현실로 실현시키는 기적의 사나이'라는 생각이 든다.

사람의 마음을 얻는 성공 미소

- 이소희 원장

언젠가부터 사람의 얼굴을 보면 성공한 사람인지 아니면 성공할 사람인지가 보이기 시작한다. 그래서 상대의 미소를 보면 나도 성공할 것 같은 느낌이 들면서 성공의 미소가 충전되기도 한다.

이소희 원장님은 얼굴에 미소를 가득 머금은 성공 미소를 가진 분이다. 몇 년 전 울산 YMCA에 레크리에이션 강사 과정을 듣기 위해 갔다가 처음으로 인사를 나눴다. 뭐가 그리 즐거운지 그녀는 연신 싱글벙글이었다. 나는 등록만 해놓고 두어 번 참석하고 과정을 수료하지 못했다. 하지만 나중에 레크리에이션 강사 섭외를 위해 이소희 원장님을 다시 만나게 되었고, 그녀의 사무실을 방문하게 되었다.

그런데 미용실 입구부터 타 미용실과 다른 점을 발견했다. '좋은 생각, 밝은 미소'와 책임 행동, 사명 선언서를 대리석으로 만들어 미

재미있는 인생 디자이너로서 사람들에게 웃음을 전하고 삶의 즐거움을 주는 이소희 원장

용실 입구에 붙여둔 것이다. 매순간 최선을 다하는 모습을 고객들에게 보여주려는 그녀의 마인드를 알 수 있는 대목이었다.

원장님의 사무실은 2층에 있었다. 사무실 또한 입구부터 심상치 않았다. 1층 첫 계단에는 '여기서부터 웃지 않는 자는 한 계단에 1,000원씩 벌금'이라고 쓰여 있었고, 2층으로 올라가는 계단마다에는 '하하하하하, 호호호호, 히히히히' 하는 웃음소리가 적힌 글들이 붙어 있었다. 계단을 한 칸씩 오를 때마다 2층에 펼쳐져 있을 그녀의 삶에 호기심이 생기기 시작했다.

드디어 2층에 들어서자, 30년 동안 그녀가 미용인으로서 살아온 삶을 증명이라도 하듯 신문 스크랩과 표창장이 그득했다. 웃음 강사로 알고 있었는데 미용인으로서 33년이라니! 한 가지 일을 30여 년 동안 하는 것은 결코 쉬운 일이 아닌데, 성공 미소를 가진 분은 역시 남다르구나 하는 생각이 들었다.

그녀는 30여 년 전부터 울산에서 손꼽히는 미용실을 운영하고 있었다. 미용실은 1층과 2층에 무전기를 달고 손님을 모셔야 할 만큼 찾는 이들이 많았고, 그만큼 직원들도 많았다. 그러다 보니 그녀는 밥 먹을 시간이 없어서 매번 '밥을 마신다'라고 표현할 정도로 정말 열심히 살았다. 2층에 가득한 신문과 표창장이 그 사실을 증명하고 있었다. 그녀의 사무실을 구경하던 나는 벽에 편지가 잔뜩 붙어 있는 것을 보았다.

"원장님, 이 편지는 뭐예요?"

"아, 그거 지사모 제자들이 보내준 편지입니다."

"지사모요?"

도대체 '지사모'가 뭘까 싶어 대뜸 물어보았다. 당시 미용실 이름이 GH감성헤어샵이었는데, 'GH감성헤어샵을 사랑하는 모임' 정도라고 할 수 있다. 그리고 근무했던 직원들은 지사모의 회원으로 나간 후에도 원장님에 대한 감사의 마음과 고마움의 표현으로 손편지와 선물을 들고 찾아왔던 것이다.

퇴사한 이후에 지난 직장을 찾아온다는 것은 쉽지 않은 일이다. 그럼에도 직원들은 모임까지 만들어서 매년 그녀를 찾는다고 하니 뭔가 특별한 비법이 있지 않을까 하는 생각이 들었다. 그래서 직원들을 어떻게 관리하는지 물어보았다. 그녀의 대답을 들어보니 '관리'가 아니었다. 자식을 대하듯 진심을 다한 '마음'으로 직원들을 대하는 게 해답이었다.

그녀는 월급봉투에 직원의 장점을 가득 적어 건네면서 사기를 북돋우는가 하면, 직원들을 빨리 성장시켜 프랜차이즈 대표로 만들어 보내는 것이 목표라고 할 정도였다. 그리고 7이라는 숫자가 들어간 날에는 전 직원들과 동네를 청소하고, 20년 동안 한 달에 수십 명을 상대로 무료로 봉사하는 모범도 보였다. 봉사 활동을 한 뒤에는 직원들에게 GH클럽 활동으로 게임, 아이스하키, 볼링, 자전거 타기, 벚꽃 구경, 리더십 교육을 선사하는 등 직원들을 자신의 분신처럼 아끼고 사랑했다.

세상에 어느 미용실 원장님이 직원들의 월급봉투에 일일이 손편지를 적어 격려하며, 직원의 목표를 관리하고 성장을 응원하며 같이 봉사 활동을 한단 말인가? 'GH미용세계 10계명'까지 만들어 직원들의 마인드 교육과 성장을 위해 아낌없이 지지했다니 퇴사한 직원들의 지사모 사랑을 이해할 만했다. 한편으로 그들의 지사모에 대한 사랑은 이소희 원장님이 얼마나 훌륭하게 살아가고 있는지를 보여주는 대목이었다.

이소희 원장님은 현재 꿈파쇼 운영위원인데, 운영위원 중 가장 연세가 많다. 하지만 아무도 그녀의 나이를 알지 못한다. 게다가 사람들을 배려하고 섬세하게 챙기는 그녀는 상대를 항상 존중하며 깍듯하게 대한다.

그녀가 살아온 경험만으로도 우리가 배워야 할 게 많을 텐데, 오히려 그녀는 살면서 젊은 멘토를 만나는 게 꿈이라고 말하면서 항상 젊은이들을 응원하고 최고라고 힘을 실어준다. 열정적인 그녀가 지금까지 승승장구할 수 있었던 비결은 사람의 마음을 얻는 법을 알고 있기 때문이었던 것 같다.

20년간 서서 밥을 '마시며' 일할 정도로 살아온 그녀는 주민등록 갱신을 위해 동사무소에 갔더니 손에 지문이 안 나타날 정도였다고 한다. 그 말을 들으니 게으른 나 자신이 너무 부끄러웠다.

그녀는 이제 스피치 리더십 강사로 인생 제2막을 열어가고 있다. 감성스피치 리더십센터에서 그녀는 여러 분야의 '1급 자격증과정 강사 제조기'라고 불리면서 웃음 전달 바이러스를 전하는 맹물 강사로 활약하고 있다. 재미있는 인생 디자이너로서 사람들에게 웃음을 전하고 삶의 즐거움을 주는 그녀를 힘차게 응원한다.

쓰레기를 황금알로 바꾸는 사나이
– 천정곤 대표

영천이 고향이며, 가정 형편이 좋지 못했던 천정곤 대표. 그는 초등학교만 졸업하고 부산 친척집에 연탄 일을 도우러 갔다. 하지만 공부를 하고 싶어서 자취 생활에 신문 배달을 하면서도 야간 고등학교까지 진학했다. 형편이 좋지 않았던 탓에 마가린에 간장을 비벼 먹으며 식사를 때우다 보니 고3때는 영양실조로 칠판이 보이지 않을 정도였다. 그만큼 그는 힘들게 고등학교를 다녔다.

그럼에도 열심히 공부해 60명 중 2등이라는 우수한 성적으로 울산 현대그룹에 입사했고, 그의 울산 생활이 시작되었다. 혼자서 먹고사는 데는 별 걱정이 없었다. 하지만 부모님과 다섯 형제를 넉넉히 부양하기엔 힘에 부쳤다. 그래서 그는 과감한 선택을 한다. 스물다섯 살의 나이에 가전제품을 고치는 자격증을 취득하고 회사에 과감히

환경과 경제를 살리는 '대한민국의 신지식인'으로 인정받는 천정곤 대표

사표를 낸 것이다. 이것이 그의 인생 2막의 시작이었다.

그는 S전자 서비스센터에 입사해 가전제품 수리 일을 시작했다. 1992년 즈음 산업화 바람을 타고 가전제품이 대량 생산되면서 버려지는 가전제품들이 많아졌다. 신형이 나왔다고 새로 구입하거나 이사하면서 새 제품을 구입하는 사람들이 늘어난 것이다. 그런데 기술자인 그의 관점에서 버려지는 가전제품들은 모두 돈이었다.

버려지는 가전제품을 활용할 방법이 없을까 고민하던 그는 '재활용센터'를 해보면 어떨까 하는 아이디어를 냈다. 그래서 늦은 밤이나 이른 새벽에 아내와 함께 폐기물들을 줍기 위해 돌아다녔다. 동료 서비스 기사들에게도 함께 해보자고 권했지만 별 반응들이 없었다.

결국 그는 혼자서 '재활용업'에 관해 관련 기관에 제안서를 제출했다. 때마침 청소과에서도 버려지는 가전제품들 때문에 골치가 아픈 상황이었다. 그런데 그의 생각지도 못한 아이디어 덕분에 문제를 모두 해결할 수 있으니 승낙하지 않을 이유가 없었다. 그렇게 1994년 6월, 정식으로 재활용센터가 오픈되었다.

당시 TV와 언론에서도 큰 관심을 가졌다. 매체에서는 그를 '쓰레기 더미에서 황금알을 캐는 사나이'로 소개했고, 전국에서 벤치마킹을 하기 위해 찾아오는 이들도 많았다. 그러다 보니 처음으로 정부의 직간접적인 지원을 받는 재활용센터가 생기기 시작했다. '재활용업'이라는 직업도 그때 생긴 것이다. 이후 천정곤 대표는 우리나라의 신지식인으로 인정을 받기 시작했다.

그에게 중요한 것은 '환경과 경제를 살리자'는 과제였다. 사용한 물건을 폐기하는 것도 돈이 드는 세상이다 보니 한번 만들어진 물건은 오래 사용하는 게 가장 좋다는 것이 그의 생각이다. 그래서 날로 늘어나는 쓰레기들을 볼 때마다 그는 안타까운 마음이 크다. 얼마 전부터는 '아나바다 운동'과 같은 캠페인도 개최되어 사람들의 인식이 조금씩 바뀌는 것을 볼 때마다 그는 보람을 느낀다고 한다.

국민교육헌장에는 "저마다에 소질을 개발하라"는 말이 있다. 그는 자신이 가진 소질과 사명이 '재활용'에 있다고 말한다. 그가 남들이 보지 못한 영역에서 자신의 소질을 개발했듯이 다른 사람들도 자신의 소질과 사명을 찾아낸다면 삶은 더 의미 있고, 더 즐거운 사회가 될 것이다. 그런 성장이야말로 진정 빛나는 '성공'이라고 할 수 있다.

나 스스로 행복한 삶을
살아야 한다
- 울산남부경찰서 삼산지구대 안정호 경위

'울산남부경찰서 삼산지구대'의 안정호 경위가 경찰이 된 때는 2007년, 지금으로부터 10년 전이다. 그는 지구대와 교통경찰을 지방경찰청의 감사실과 교육 업무로 수행하였으며, 지금은 다시 울산 치안 현장의 중심으로 불리는 삼산지구대에서 근무하고 있다. 2009년부터 그는 경찰청 고객만족 강사로 활동하면서 동료 경찰관들을 대상으로 강의하고 외부 일반 기업체 등에서도 강의 활동을 하고 있는데, 그의 반듯하고 선한 모습은 모든 사람들에게 호감을 준다.

어릴 적 꿈이 무엇이었냐는 질문에 그는 "부끄럽게도 어린 시절엔 꿈이란 것을 가져본 적이 없다"라고 대답했다. 평범한 집안에서 어려움 없이 자랐기 때문에 "꿈에 관해서 별 생각이 없었다"는 솔직한 대답이었다. 그러다가 가정 형편이 갑자기 어려워지면서 학교를 그

꿈은 항상 마음을 설레게 하고, 사람을 살아 있게 한다고 힘주어 말하는 안정호 경위

만둬야 하는 상황이 되었다. 비정규직 노동자로 사회생활을 시작하면서 비로소 그는 꿈이란 것이 생겼다고 했다.

그의 경찰관 도전은 처음부터 의도된 대로 쉽지는 않았다. 5년 동안 그는 자동차 공장에서 6개월마다 계약서를 다시 쓰는 비정규직 노동자로 일하면서 경찰 시험을 준비했다. 일과 공부를 함께할 수밖에 없는 상황에서 야간근무를 마치고 학원에서 졸린 눈을 비비면서 공부하던 그때가 가장 힘든 시기였다고 말한다. 하지만 그런 과정들은 경찰관으로서 그가 시민들을 만나는 데 큰 자산이 되고 있다.

어렵게 경찰관이 된 그는 경찰 조직이 자신이 생각하던 모습과는 달라 실망하기도 했다. 하지만 실망에서 그치지 않았다. 자신의 생각과 다른 부분을 해결하기 위해 자신부터 변해야 한다는 생각으로 경찰 조직에서는 생소한 고객만족 분야를 공부하기 시작했다. 그의 그런 노력들은 지금 경찰 조직의 많은 공감을 얻고 있으며, 그에게도 힘이 되고 있다.

그에게는 남들과 다른 좌우명이 있다. 그의 좌우명은 바로 '아화만사성(我和萬事成)'이다. 이는 그의 고객만족 강의의 주제이기도 하다. 흔히 '가화만사성'이라고 하면 가정이 편해야 모든 일이 잘 풀린다는 뜻으로 이해한다. 하지만 안정호 경사는 가정의 평화도 결국 '내'가 얼마나 만족한 삶을 사느냐에 따라 결정된다고 믿었다. 그가 말하는 '아화만사성'이란, 우선 내가 즐겁고 행복해야 내 가족이나 내 주변의 사람들 등 나를 만나는 모든 사람들이 행복해질 수 있다는 뜻이다. 한마디로 늘 '스스로' 행복한 삶을 살아야 한다는 의미다.

그는 민간 경비업체에 종사하는 사람들의 수가 이미 경찰관의 숫자를 넘어섰다는 사실에 주목한다. 그만큼 치안도 경찰이 독점하는 시대가 끝났다. 그는 국민으로부터 사랑받고 존경받기 위해서는 경찰도 끊임없이 노력해야 한다고 말한다. 그는 경찰로서 고객만족, 국민만족을 위한 방향으로 자신의 힘을 보태겠다고 약속했다.

그가 항상 염두에 두는 것은 경찰의 한계를 넓혀가는 데 자신의 힘을 사용하는 것이다. 그는 꿈파쇼 무대에 서서 '꿈'이라는 것에 대해 사람들에게 이야기했다. 꿈은 항상 마음을 설레게 하는 것, 사람을 살아 있게 하는 것이라고 했다. 현실에 충실하면서 자신의 가치관과 일치한 삶을 사는 그가 나는 참 멋있어 보였다.

진심진언을 실천하다
- 강동한의원 이영태 원장

한의사가 되리라곤 꿈도 꾸지 않았다. 군인, 공무원, 정치가가 꿈이었던 소년은 공부도 제법 잘해서 꿈에 다가가고 있었다.

육군사관학교가 목표였다. 그런데 1981년 경찰대가 생기면서 사관학교의 인기가 떨어지고 예전보다 성적이 낮은 학생들도 입학하는 것을 보고 자존심이 상해 일반대로 방향을 전환하려 했다. 하지만 목표한 대학에 입학하려면 시골에서 농사를 짓는 부모님의 형편으로는 등록금을 낼 수 있을지 알 수 없었다. 고민하다가 하향지원을 해서 장학생으로 갈까도 했지만, 그 또한 소년의 높은 자존심이 허락하지 않았다. 소년은 너무 성공하고 싶었다.

고등학교 3학년 시절 우연히 울산대 교수진을 살펴보니 해군사관학교 출신들이 있다는 사실을 알게 되었다. 때마침 선배 해군사관생들이 와서 홍보하는 것을 보고 저 길을 선택해도 교수가 될 수 있겠다 생각하고 해군사관학교에 지원했다. 다행히 단박에 1차에 합격했다. 기쁨도 잠시, 신체검사에서 중이염으로 탈락했는데, 집안 신원을 조회하는 과정에서 환경의 조건으로 또 한 번 좌절할 수밖에 없었다.

소년은 해군사관학교에 재도전하려고 재수를 고민했다. 그런데 작은아버지가 미래 전망이 좋다며 한의학과를 추천했고, 전국에 한의학과를 알아보기 시작했다. 그런데 아버지는 서울에 가면 많은 돈이 들 테니 서울에 안 가면 안 되냐며 애원하셨다.

아버지의 간곡한 부탁에 소년은 결국 경주에 있는 동국대 한의학과에 입학했다. 전 태연학교의 부지 중 일부였던 땅 1,000여 평을 70만 원에 팔아서 입학한 학교였다. 그런데 대학에 입학하고 보니 공부를 안 하는데도 성적이 잘 나왔다. 꾀를 부리다 보니 전공 기초 과목 일부가 포함된 2학년 2학기 평점이 나쁘게 나왔다. 성적표를 받고 무작정 기차를 타고 강원도로 갔다.

경포대에서 같은 반 친구에게 연락해 경월소주를 마시며 다짐했다. 어차피 한의사가 될 거라면 환자의 병을 잘 고치는 의사가 되겠다고. 그때부터 청년이 된 그 소년은 다시 정신을 차리고 열심히 공부에 매진했다. 재시를 보고 성적에 빨간 불을 끄고 본과로 올라가서 임상의 기초를 다지기 시작했다. 한약방에서 겨울방학을 보내고, 한의원에서 3년을 거의 숙식하다시피 하면서 학교를 다녔다. 그리고 본과 3학년 때 의료봉사단의 책임자로 서울 마포구 공덕동 국제불교

회관에서 처음으로 7일 동안 의료봉사 활동을 했다.

환자들이 하루에 200여 명씩 모여들었다. 힘들지만 너무 보람되어 함께했던 봉사자들이 모든 일정을 마치고 울었던 기억이 지금도 생생하다고 한다. 그때부터 그는 매 방학 때마다 의료봉사 활동에 나섰고, 졸업 후에는 충청도 영동 보은에서 2주간 봉사 활동을 펼치기도 했다. 이때는 하루에 환자들이 400명 이상 몰려오는 바람에 다 봐주지 못해 안타까울 뿐이었다.

졸업 후 잠시 취업을 했다가 개원을 하기로 마음먹고 자금을 준비했다. 하지만 한의사 면허증 하나만으로는 시중의 어느 은행에 가서도 담보가 없다는 이유로 대출을 받기 어려웠다. 고민하던 그는 결국 포항에 살던 친구에게 100만 원, 고향 친구에게 100만 원, 함께 일했던 선배에게 300만 원, 삼촌에게 300만 원, 고모부에게 300만 원을 빌렸다. 마지막으로 아버지가 고향 집 논밭을 담보로 농협에서 1,000만 원을 대출 받아 주셨다.

그렇게 모은 돈으로 전세 보증금을 내고, 약재비와 의료기는 할부로 구매했다. 그 당시 집기 비품 중에서 가장 비싼 것은 12만 원이나 하던 그의 책상이었다. 하지만 장식장 소파도 중고로 구입하고, 침대는 목재소에 가서 나무를 구입해 직접 다듬어 만들고, 조제대나 칸막이, 문까지 모두 직접 만들었다.

1988년 12월 24일, 그는 울산의 반구동 근처에 10여 평으로 한의원을 개원했다. 좁은 공간에서 그는 먹고 자고 하면서 환자를 진료했다. 겨울이 지나고 여름이 되니 환자들이 조금씩 모여들었다. 남

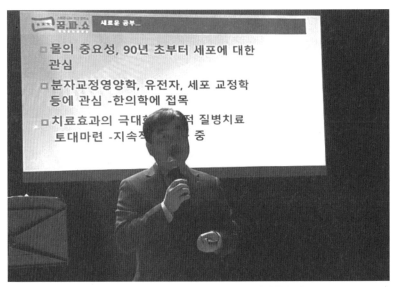

'마음에서 우러나는 올바른 말만 하자'라며 진심과 겸손을 실천하는 이영태 원장

루한 환경이었지만 그는 항상 환자들에게 최선을 다한다는 일념으로 진료를 했다. 돈을 떠나서 어떻게든 환자를 고쳐야겠다는 사명이 그에겐 있었다.

한 예로 갑자기 쓰러져서 업혀온 환자가 있었다. 말도 못 하고 움직이지도 못하는 뇌경색 환자였는데, 그는 몇 시간 동안이나 환자에게 매달려 정성을 쏟아 의식을 되찾고 움직일 수 있게 해주었다. 소식을 들은 환자의 가족들이 한의원으로 달려와서는 큰 병원에 안 가고 왜 여기 있느냐며 큰 소리를 쳤다. 환자를 업고 온 사람이 죽어가던 사람이 여기 와서 좋아졌다고 이야기하자 가족들은 모두 잠잠해졌다. 이후 그 환자는 조카가 한의원을 운영하는데도 일부러 그를 찾아왔다.

강동한의원 이영태 원장은 그렇게 29여 년을 한의사로 살아왔다. 그러던 어느 날 그는 사물놀이를 배우게 되었다. 지역의 예술인들을 만나보니 기량도 출중한데 먹고살기가 힘들다며 그만두는 경우가 많았다. 그래서 '울산에도 인간문화재가 있다면 어떨까?' 하는 생각을 하게 되었고, 몇몇 예술인들과 의논해 지역 예술인들을 발굴 지원하는 단체를 만들어보자고 합의했다.

그리하여 2003년 12월 20일, 현재의 울산사회문화원이 탄생하게 되었다. 울산사회문화원은 환경운동연합과 연계해 강동해변축제를 시작으로 태화강이 정비되면서 태화강 환경정화활동 및 공원 내 금연활동 홍보, 바른 선거 캠페인을 겸한 강변문화축제를 14년째 이어오고 있다.

그는 지금까지 자신을 지탱해준 단어는 '진심진언(眞心眞言)'이라고 말했다. 환자에겐 자신의 사소한 한 마디가 상처가 될 수 있다는 것을 깨달은 후 그는 진심진언을 실천하고 있다.

그는 항상 '마음에서 우러나는 올바른 말만 하자'라고 자신에게 타이른다. 자신을 낮춤으로써 자신을 기른다고 생각한다. 지극히 겸손한 군자는 자신을 낮춤으로써 자신을 기른다. 그리하면 남들로부터 존경을 받아 빛이 난다. 그는 오늘도 그 말을 마음속에 되새기며 환자들을 대하고 있다.

꿈을 위해 계속 도전하는
배움의 리더
– 주부 한경옥

한경옥 선생님은 울산 영웅 23호로 선정된 분이다. 나는 그녀를 '배움의 리더'라고 칭하고 싶다. 그녀는 항상 배움의 자세를 잃지 않으며, 성실하게 자신의 목표를 이뤄낸다. 에너지가 넘치는 사람은 어디에 있어도 주위를 환하게 밝혀주는데, 그녀가 그런 사람이다.

그녀는 방송대 입학식에서 예정에 없던 오프닝을 계기로 관중을 들썩들썩하게 만든 후 '교육의 밤' 행사가 있을 때면 섭외 1순위가 되었다. 전문 레크리에이션 강사는 아니지만, 무대가 있는 곳이라면 그녀는 항상 무엇인가를 미리 준비해서 간다. 그러다 보니 그녀 주위에는 항상 사람들로 가득하다.

평소 겉으로 느껴지는 에너지는 명랑하고 쾌활해 당연히 레크리에이션 강사일 것이라 생각하지만, 사실 그녀는 수학 강사다. 게다가 그녀는 원래 명랑하고 밝은 성격의 소유자도 아니었다. 남들 앞에 잘 나서는 성격도 물론 아니었다. 무엇보다 키에 대한 콤플렉스 때문에 매번 움츠러들었다.

그런데 처음 입사한 회사의 인사 담당 과장이 이전에 다른 면접에서 왜 떨어진 것 같냐고 질문했고, 그녀는 "키 때문인 것 같다"라고 대답했다. 입사 후 유능해 보이는 과장님이 키 때문에 떨어졌다는 게 말이 안 된다며 "그렇다면 내가 미스 한을 뽑아줄게" 하며 채용하게 되었다는 이야기를 들었다. 그것도 전 직원이 모인 회식 자리에서 발표하여 그녀의 직장생활은 순풍에 돛을 단 듯 순조로웠다.

그때부터 그녀는 없던 재능에 불이 붙기 시작했다. 직장 상사로부터 인정받기 시작했기에 더 성실히 공부하고 노력한 것이다. 이후 그녀는 서울 본사에서도 "미스 한이 누구냐?"라고 말할 만큼 활동 영역이 넓어졌다.

그녀의 열정은 다른 사람들보다 더 많은 성과를 내는 데서도 드러났다. 결국 소심하게 움츠러들기만 했던 그녀는 사내 노래자랑에 나가 동상을 수상할 정도로 자신감이 붙었다. 그리고 직장대항 월말, 연말 대회에서는 은상까지 수상했고, 수상 상품으로 텔레비전도 받았다. 하지만 노래 연습을 위해 특근 시간까지 인정해준 회사에 대한 고마움과 혼자가 아닌 팀의 노력으로 이룬 성과였기에 텔레비전은 회사에 기증했다.

열심히 일했고 승승장구했다. 하지만 그녀는 마음 한구석 자신의 삶이 그리 행복하지 않다는 느낌이 들었다. 당시로선 결혼하면 퇴사하는 분위기라 눈치 보며 그때까지는 근무하지 말아야겠다는 생각도 했다. 결국 스물일곱 살이 되던 해 그녀는 퇴직했고, 퇴직금으로 수학 학원을 차리면서 수학 선생님이 되었다.

처음 학원을 시작할 때는 학부모들이 상담만 와도 덜컥 겁이 났다. 그래서 강사들이 상담하는 내용을 들으며 조금씩 배웠고, 그사이 결혼도 했다. 남편의 직장 이동으로 잠시 학원을 그만두었는데, 남편의 직장 이동이 취소되어 다시 학원을 해야 하는 상황이 되었다. 늘 살던 동네였고, 당시 상황으로는 유치부를 모집해야 했다.

그녀는 잠시 고민했다. 아무 지식도 없이 이대로 유치부 학원을 운영하는 것은 어려울 것 같았다. 그래서 다른 사람에게 잠시 일을 맡긴 후 유아교육을 공부하기 시작했다. 평소의 삶도 그러했지만, 그녀는 자신이 부족하다고 생각되는 것은 기꺼이 끊임없이 배우려는 자세를 가진 사람이었다.

유아교육을 공부하면서 그녀는 인생 역전의 주인공이 된다. 어쩌면 특유의 열정과 기꺼이 배우려는 그녀의 마음가짐이 만든 인생 스토리일 수도 있다.

먼저 그녀는 초등학교 5학년 때 혼자서 독학한 피아노를 다시 치기 시작했다. 그녀에게 평소에 잘 드러나지 않았던 음악 감각이 있었던지 악보를 보지 않고도 피아노를 칠 수 있었다. 이후 다시 학원을 운영하게 되었고, 그러면서도 그녀는 자신의 능력을 계속 개발해나 갔다. 때마침 의료사고로 둘째가 분만 중 잘못되고 생사를 오가는 경험을 했다. 그때부터 그녀는 다시 태어난 기분으로 마음속에 있던 부

'튜터'라는 자신의 꿈을 향해 끊임없이 노력하는
배움의 리더, 한경옥 선생님

정적인 생각들을 전부 버리고 절대긍정으로 변해갔다.

그녀가 운영하는 학원은 골목 안쪽에 위치해 있었다. 하지만 그녀의 노력 덕분인지 학부모들은 "다른 곳은 몰라도 이곳은 믿고 보낼수 있다"라며 추천했고, 직접 나서서 학원 행사를 이끌어주기도 했다. 학원에 대한 만족도 때문인지 학부모들은 한번 아이를 보내면 4~5년 동안은 원을 바꾸지 않고 꾸준히 보내주었고, 졸업식 때는 원생들의 울음바다가 될 만큼 축복받는 학원이 되었다.

하지만 그녀의 인생에도 항상 햇빛만 비치는 것은 아니었다. 국가 보육비가 지원되면서 학원 운영은 쉽지 않았다. 설상가상으로 재개발이 진행되면서 동네에 빈집이 늘기 시작했지만, 안정적으로 유지

해오던 원생들 덕분에 인근으로 확장 이전했다. 그런데 방과후 활동이 활성화되면서 원생이 줄기 시작했다. 결국 학원을 이전하고 4년 만에 시설비를 고스란히 날리고 문을 닫아야 했다.

그즈음 그녀는 방송대에 입학했고, 체계적인 공부를 하게 되었다. 방송대 학생으로서 그녀는 매번 지인들이 임원으로 추천해주는 것을 거절하다가 결국 4학년 때는 과 대표까지 해냈다. 그녀의 에너지는 누구나 알아볼 수 있을 정도로 꾸준했다.

대학생으로서 그녀의 삶은 인생 전반의 꿈과 목표를 정하는 데 매우 큰 역할을 했다. 대학 1학년 때 그녀는 우연히 '튜터'라는 직업을 알게 되었는데, 매우 매력적인 일이라고 생각되었다. 그녀의 간절한 바람 덕분이었는지 그녀는 2학년 때 '여성교육론'을 가르치는 교수님의 추천으로 '튜터'를 꿈으로 설정했다.

그때부터 그녀는 "나는 튜터가 될 거야"라고 떠들고 다녔다. 그리고 자기 스스로 포기하지 않도록 채찍질하기를 반복했다. 튜터가 되려면 석사학위가 필요하다는 사실을 알게 된 그녀는 대학원에도 도전해보기로 했다.

당시 그녀에게는 유학을 준비 중이던 딸이 있었다. 자신이 공부를 하려면 경제적으로 자금이 필요할 텐데 싶어 고민이 되었다. 하지만 남편은 그녀를 적극 지지해주었고, 결국 그녀는 대학원에 진학했다.

대학원 1학기말 쯤 그녀의 딸은 캐나다에 유학을 갔다. 다행히도 딸은 자신의 유학비를 벌기 위해 1년 동안 아르바이트를 하며 자금을 마련했다. 하지만 생활비는 보내주어야 했기에 그녀는 주말에 10

시간씩 과외를 했다. 딸을 지원하면서 동시에 자신이 원하는 공부를 해내기 위한 몸부림이었다. 그녀는 자신의 남달랐던 노력에 대해 스스로를 대견해했다.

대학원에 진학 상담을 하러 갔다가 '딱 교수 스타일'이라는 말을 듣고 그녀는 교수에 대한 꿈을 꾸게 되었다. 막연히 '튜터'에 대한 꿈을 꾸면서 성실히 살아왔는데, 이제는 '교수'로서의 삶을 생각하게 된 것이다. 논문을 쓰면서 학문에 대한 즐거움을 알게 된 그녀는 어느새 튜터 3년차로 울산, 부산, 경남, 대구경북지역 대학의 교육학과 1학년 학생 200여 명을 지도하고 있다. 또한 취업진로 강사로, 대중강연 강사로 전국을 무대로 강의 활동을 펼치고 있으며, 2017년 2월 박사 수료를 마치고 지금은 박사학위 논문을 준비 중이다.

그녀의 도전은 지금도 현재진행형이다. 자신의 꿈을 향해 끊임없이 노력하는 그녀를 보면서 꿈이 있는 사람은 인생을 얼마나 아름답게 만들어가는지 알 수 있었다.

그녀의 꿈이 계속 바뀐 것처럼 꿈은 반드시 고정되어 있을 필요가 없다. 진행되는 삶 속에서 꾸준히 자신의 삶을 아름답게 만들어가는 '노력'만이 존재할 뿐이다. 결국 삶은 결과가 아니라 '진행되어 존재하는 과정'이다. 따라서 현재가 아름다운 사람은 미래 역시 아름다울 수밖에 없다.

봉사의 큰 산
– 화목봉사회 박흥순 회장

울산에 20개가 넘는 봉사 단체를 만들어 회원 수만 3,000명 넘는 봉사의 큰 산을 만든 분이 있다. 바로 화목봉사회 박흥순 회장님이다. 박 회장님과 인터뷰를 하면서 그의 마음속 깊이 패었을 아픔과 상처 앞에서 얼마나 울었는지 모른다.

1988년 모비스의 평범한 직장인이었던 박 회장님은 당시 현대그룹 정주영 회장이 직접 농사를 지었다며 직원들에게 40킬로그램 쌀을 2포대씩 나눠주는 것을 받았다. 그는 그 쌀을 좋은 데 쓰고 싶다는 생각이 들었다. 그래서 한 포대씩을 모아 울산의 소녀소녀 가장의 집에 후원했다. 그 일을 계기로 그는 지금까지 30년을 봉사로 이어온 분이다.

그의 집안은 남에게 나눠줄 만큼 부유한 집안이 아니었다. 그에게 봉사 활동에 대해 알려주거나 가르쳐준 사람도 없었다. 그런 그가 봉사를 시작한 데는 어린 시절의 상처 때문이었다. 그는 자신이 어렵게 살았기에 소녀 가장이나 조손가정을 돕고 싶다는 마음이었다.

아홉 살 때 그는 너무 배가 고파 고구마를 쪄서 파는 가게를 지나가다가 고구마를 훔쳐 먹다 들켜서 뺨을 맞고 무릎을 꿇은 채 빌기도 했다. 돈을 못 내서 중학교 졸업장도 못 받았다. 그러던 찰나 보릿고개라서 밥 한 끼 준다는 말에 목수로 일하기 시작했다.

사춘기였던 열아홉 살 때 동료 4명과 부산으로 가서 함께 일했다. 그때가 1968년이었다. 하지만 목공소 단가가 서울의 반값도 안 된다며 그들은 떠나버렸고, 결국 혼자 2년을 살았다. 그러다가 1969년 울산에 편물점이 있어 울산으로 가게 되었다. 울산에 도착해서는 먹고살기 힘들어 버려진 음식을 주워 먹기도 했다.

그런데 편물집 사장이 부산으로 이동하다가 돌아가셨다. 사모님은 아이가 5명이었는데, 장례를 치르고 서울로 가보니 이번에는 그의 아버지가 돌아가셨다. 부산에 살던 그에게 연락할 방법이 없었기 때문인데, 결국 그 탓에 아버지의 임종도 지켜보지 못했다.

아버지가 돌아가시고 홀로 어머니와 함께 사는데, 입대를 해야 하는 상황이 되었다. 고향인 이천에 논이 7마지기 있었지만 집이 없었다. 그래서 집을 짓고 어머니를 모셔둔 다음 군대를 갔다. 첫 휴가를 나왔을 때 포상휴가로 10일을 받았는데, 돈 없는 어머니를 위해 휴가 기간 동안 현장에서 막노동을 한 다음 어머니에게 드리고 다시 군대로 돌아갔다. 이후 그의 사정을 알게 된 중대장은 2개월에 한 번씩

20여 개가 넘는 단체에 3,000명의 회원을 거느리며 봉사 활동을 하는 봉사의 큰 산, 박흥순 회장

집에 갈 수 있게 사정을 봐주었다.

그런데 다른 사람들은 휴가 나오면 실컷 먹고 쉬다 가는데 일만 하고 가는 아들이 보기 안타까웠던 어머니는 휴가를 나오지 말라고 말렸다. 하지만 그는 꾸준히 휴가를 나왔고, 제대를 3개월 남겨두고 "이제 제대하고 오겠습니다" 하고 어머니에게 인사하고 군대에 돌아갔다.

군대에 복귀한 후 일주일 정도 되었는데, 중대장이 집에 다녀오라고 했다. 괜찮다고, 일주일 전에 다녀오면서 어머니에게 제대 후에 가겠다고 이야기했다고 말했다. 그런데도 중대장은 명령이라며 그를 집으로 보냈다. 왠지 이상한 기분에 집에 돌아와 보니 어머니가 돌아가셨다. 결국 아버지, 어머니 두 분 모두 돌아가시기 직전 마지막 모습을 보지 못했다는 죄책감이 들었다. 그리고 어릴 적 배가 고파 노점상의 고구마를 몰래 먹을 때의 기억을 상기하며 나눔을 실천하겠다고 다짐했다. 그때부터 그의 봉사 인생이 시작되었다.

사실 이름만 내건 채 봉사를 실천하지 않는 단체도 많다. 하지만 박흥순 회장님은 지금도 변함없이 '직접' 나서서 봉사를 실천한다.

나눔의 집에서 후원을 받고 공동모금회, BC카드 등에서 받은 자재로 직접 요리를 해서 화, 목요일에는 선암동에서 이동 밥차를 운영한다. 이동 밥차를 통해 그는 150~200여 명의 어르신들에게 10여 년 동안 식사를 제공하고 있다. 거기에 개인적으로 진행한 기부를 통해 환급 받은 돈도 다시 봉사에 투자하고 있다. 그러다 보니 그 금액은 1년에 1,000만 원 이상에 달한다.

20여 개가 넘는 단체에 3,000명의 회원을 거느리며 봉사 활동을 할 수 있었던 데는 아내의 내조가 있었기에 가능하다고 그는 말한다. 현재 비영리 법인단체 화목봉사회 부설 '화목예술단'은 봉사의 뜻을 함께 나누는 14개 팀(각종 예술 분야)을 보유하고 있다. 여기에 소속된 사람들은 모두가 선한 마음을 가진 이들이라며 그는 함께하는 분들에 대해서도 항상 감사한 마음을 갖는다.

그는 사실 이전에는 봉사 활동을 남몰래 하고 싶다고 생각했다. 하지만 지금은 자신의 활동 영역을 넓혀 다른 사람들에게도 이런 뜻을 전하고, 함께 동참할 수 있도록 하는 것이 더 이상적이라고 생각하고 있다.

가끔 봉사를 어떻게 해야 하냐고 그에게 묻는 사람들이 있다. 그는 자신이 좋아서 하는 거지만, 자기가 그렇게만 이야기하면 사람들의 마음에 감동을 줄 수 없기 때문에 더 알리려고 노력한다고 말한다. 그러면서 봉사를 하고 싶다면 용기를 내서 일단 저지르라고 답해준다고 한다.

그런데 사실 길거리에 떨어진 휴지를 하나 주워도 봉사다. 그는 "자기가 안 해서 그렇지 맘만 먹으면 언제든지 할 수 있는 것이 봉사"라며 말한다. 그러면서 봉사를 하면 자기 스스로 가장 행복해지고 삶이 풍족해진다며, 지금 하는 봉사를 앞으로도 계속 할 수만 있다면 더없이 행복할 것 같다고 웃었다.

박홍순 회장님은 자신을 '바보'라고 표현하는 순수한 큰 산 같은 분이다. 삶 자체가 봉사를 하기 위해 태어난 분인 것처럼 아무것도 없이 시작해서 아무것도 없는 사람들을 도와주고 있다. 일찍 외롭게 삶을 지탱했지만, 그는 지금 3,000여 명의 회원들과 더불어 사람의 산을 이루고 있는 큰 산맥 같은 분이다. 그러니 존경하지 않을 수 없다.

삶에는 다 이유가 있다. 아무리 힘들어도 시간이 지나면 왜 자신이 그런 고통을 겪었는지 알게 된다. 하지만 고통은 항상 같은 고통으로만 남지 않는다. 과거의 고통과 상처가 또 다른 모습으로 승화될 수 있음을 그는 자신의 삶으로 증명해주었다.

다양한 재능을
마술처럼 키워주는

- 울산영웅 31호 학교 아빠 김승주 선생님

김승주 선생님은 에너지를 매번 충전하는지 항상 활력이 넘친다. 내가 김승주 선생님을 알게 된 데는 특별한 이야기가 담겨 있다.

사실 김승주 선생님은 우리 둘째아이가 6학년 때 담임선생님이었다. 당시 아이는 학급 반장이었는데, 말도 행동도 느리고 다소 철학적인 아이라 역동적인 에너지를 갖고 있는 선생님과 맞춰가는 데 적잖은 시간이 필요했다.

한번은 수학여행을 간 아들이 엄마가 보고 싶다고 우는 바람에 선생님도 나도 당황한 적이 있었다. 우리 아이도 남달랐지만, 선생님도 평소 에너지가 넘치는 분이라 특별했다. 몇 년 동안 선생님을 지켜보면서 나는 단순히 '튀는 선생님, 즐거운 선생님' 정도로만 생각했다.

항상 다양한 재능을 아이들을 위해 마술처럼 펼쳐내는 열정의 교사, 김승주 선생님

　그랬던 선생님이 '꿈파쇼' 1주년 때는 직접 사회를 보면서 댄스 마술로 무대를 장악하는 등 분위기 메이커로서의 역할을 확실히 해주었다. 나는 "우리 아들 선생님이십니다"라며 어깨를 으쓱대며 자랑을 했다.

　선생님은 내면에 자신만의 확실한 가치관을 갖고 있는 분이다. 다른 학교에서도 어떤 아이를 대하든, 어떤 상황에서든 선생님은 아이들이 1년 후 어떤 모습이 될 것인가에 대한 자신만의 목표가 있었다. 무엇보다 선생님은 항상 새로움을 시도했다. 특유의 '들이대' 스타일 때문에 학부모들이 부담스러워하는 경우도 있었지만, 그만큼 '혁신'적이었다. 그만의 특별한 '기행(奇行)'도 있었다.

예를 들면 과학을 가르칠 때는 아이들이 과학에 대한 흥미와 재미를 가질 수 있도록 '과학 마술'을 한다거나, 마술에 춤과 퍼포먼스를 결합한 '사이언스 매직 콘서트'를 기획하기도 했다. 또한 '야간 졸업식'을 기획하는가 하면, 선생님들은 잘 사용하지 않는 '교사 명함'을 만들어 만나는 사람에게 주면서 인사를 했다. 학부모들과의 소통을 위해 '별빛 다방'을 기획해 워킹맘들을 위해 저녁에 교실로 모여서 아이들에 대해 좀 더 자주, 쉽게 소통할 수 있도록 했다.

그의 좌우명은 "어린이가 있기에 나 여기 있고, 나 죽어도 여기에 묻히리"일 정도로 아이들을 좋아했다. 아이를 좋아하는 마음은 자신의 어머니를 통해 배웠다고 한다. 어머니가 사람들을 좋아해 어린 시절 본인의 집에는 늘 동네 아주머니와 아이들이 놀고 있었다고 했다. 아주머니들이 데리고 온 아이들은 선생님이 데리고 놀다가 재워서 보낸 적도 많았다고 한다.

그는 중고등학교를 지나면서 자신의 진로에 대해 고민했고, 유치원 교사가 되기로 마음먹었다. 하지만 주변 유치원 교사들을 살펴보니 하는 일에 비해 너무 적은 월급을 받는 것을 알게 되었다. 그래서 유치원 교사처럼 어린 아이들과 놀 수 있는 초등학교 교사가 되기로 마음먹었다. 그러다 보니 그는 1학년 담임만 7회 정도 한 이상한 남자 선생님으로 통한다.

또 선생님은 자신이 가진 다양한 재능을 아이들을 위해 '쏟아내듯' 사용하는 사람이다. 그와 같은 열정을 가진 교사를 나는 이제껏 어디에서도 보지 못했다. 재능을 마술처럼 펼쳐내는 그를 보면 누군가에

게 영웅이 되는 것은 모두가 할 수 있는 일이라는 생각이 든다. 각자
가 가진 특유의 재능에 '열정'만 있으면 되기 때문이다. 그렇게 우리
는 우리 스스로 모두가 영웅이 될 수 있음을 선생님은 알려주었다.

청년의 꿈을 응원합니다
- 울산청년문화발전소 김수겸 대표

"말단 영업사원 아니에요? 대표 맞아요?"

한 사업 발표회에서 청년은 심사위원에게 모욕적인 말을 들었다. 그는 여섯 살 때부터 해오던 운동으로 선수부 생활을 하며 장래를 그려나갔다. 그러다 우연한 기회에 마술사로 활동하게 되었고, 대학 진로를 고민할 때는 부모님의 권유로 공대(전기과)에 들어갔다. 하지만 그 길도 자신의 길이 아닌 것 같아 군대에 갔다. 그곳에서 후임 병사의 추천으로 온라인 쇼핑몰 창업에 관심을 갖게 되었다.

제대 후에 창업 자금을 마련하기 위해 집보다 세무사에 먼저 들러 30만 원짜리 공모전에 아이디어를 내어 상금을 받았다. 그 돈으로 부산 구제의류 판매처에 가서 옷을 구입했고, 지인의 트럭을 빌려 30만 원어치 구제의류를 시골에 가서 모두 팔았다. 판매한 후에는 50

만 원, 100만 원까지 돈을 불릴 수 있었고, 100만 원을 들고 다시 서울 동대문의 도매상가로 갔다.

온라인 의류 쇼핑몰은 그 당시 레드오션으로 평가받던 사업이었다. 하지만 어려운 환경 속에서도 1년이 지날 때쯤 한 오프라인 여성 의류 매장에 잡지를 만들어주는 대신 자신이 판매하는 남성 의류를 전시할 기회를 얻었다. 잡지의 반응도 괜찮아 매출 역시 오르면서 확실히 자리를 잡아갔다.

그러다 스물다섯 살이 되던 해 우연한 기회에 청년 창업가들이 연말에 모여 좋은 취지로 외국인들과 함께하는 문화행사를 기획하게 되었다. 그때 그는 전에는 느껴보지 못했던 새로운 보람과 많은 사람들과 함께하는 즐거움을 느끼게 되었다. 그래서 과감히 온라인 쇼핑몰을 접고, 문화 콘텐츠 기획사를 운영하려 했다.

하지만 2개월 내에 사고로 자본금 대다수를 잃었다. 해당 사업에 대한 지식도 부족하고, 운영 자금도 없어서 도전한 지원사업에서는 앞에서와 같이 심사위원들에게 무시를 당하기도 했다. 자취생활을 하면서 생활비조차 부담될 때도, 트럭 뒤에 간장과 밥을 싣고 다니며 먹으면서도 그는 항상 웃음을 잃지 않았다. 그런데 심사위원 앞에서는 열심히 노력해온 자신의 모습이 서러워서인지 부끄럽게도 자기소개를 망치고 말았다.

그런데 딱 한 명의 심사위원이 그를 쳐다보았다. 심사위원의 눈빛에서 그는 '넌 뭔가 있을 것 같아'라는 느낌을 받았고, 용기를 얻었다. 그의 소개가 끝나고 질의응답 시간이 되자, 아까 그 심사위원은

큰 바람이 불 때 날아오르기 위해 날개를 다지는 알바트로스, 김수겸 대표

"이야기 좀 들어봅시다" 하며 다른 심사위원들을 격려하며 그의 이
야기를 더 들어보려 했다. 그 한 명의 심사위원 덕분에 그는 홀가분
하게 자리를 내려왔고, 문화기획자의 일을 포기하지 않게 되었다.

　돈 한 푼 없이도 자신을 포기하지 않게 해주었던 그 심사위원과의
우연한 만남으로 그에겐 다양한 기회들이 찾아왔다. 이후 그는 문화
기획자로서 특별한 지역 축제를 만들어보기도 하고, 오프라인 방 탈
출 게임 매장이 개발되기 전에 글램핑 텐트로 직접 만들어 운영해보
기도 했으며, 기업의 제품개발 단계에서 아이디어를 제공하기도 했
다. 이런 일들은 그가 생각지 못했던 그의 모습이었다.

　사람에게 계기를 심어줄 수 있는 기회는 언젠가 다가온다. 알바트

로스가 태풍을 기다리듯 기회가 오면 멋지게 날아올라 누구보다 큰 일을 해내면 된다.

청년 실업자가 넘쳐나고, 도전할 수 있는 기회조차 부족한 실정이라고 한다. 하지만 김수겸 대표처럼 알바트로스를 꿈꾸면 지금의 자신이 부족해서가 아니라 큰 바람이 불 때 날아오르기 위해서 큰 날개를 다지고 있다고 생각하고 더 많은 일을 경험해보면 된다. 그러면 분명 기회는 다시 올 것이다.

62세 만학도의 공부에 대한 열정

— 택시 드라이버 이홍덕

27년간 택시 운전에 62세의 나이로 대학원에 입학한 분이 있다. 대학교 교수를 꿈꾸는 것도 아니고, 특별히 전문직 종사자가 되고 싶은 것도 아니었다. 그렇다면 왜 택시 운전을 하시는 분이 60세가 넘은 나이에 공부를 하는 걸까? 그 이유가 궁금했다.

"안녕하십니까? 저는 62세, 12학번 새내기 이홍덕입니다."

강연이 시작되기 전에 너무 떨린다던 이홍덕 여사님. 무대가 시작되자 조용히 자기소개부터 시작했다.

이홍덕 여사는 오래전 교통사고를 당해 어깨뼈가 골절되어 당시 하고 있던 일을 못 하게 되자 택시 운전을 시작하게 되었다. 한동안 택시 운전을 하다가 때마침 막내딸이 서울에 취직하면서 뒷바라지도 할 겸 서울로 따라가게 되었다.

인생에서 늦은 때란 없다는 것을 몸소 보여주고 있는 이홍덕 여사

닥치는 대로 일을 하던 어느 날, 여동생이 한식조리사 자격증을 따고 식당을 하게 되었다며 도와달라고 요청했다. 동생의 일이니 발 벗고 나서서라도 도와주어야 했다. 하지만 함께 일하는 동료들이 그녀의 어눌한 말투에 중국 교포나 조선족 아니냐며 수군대는 소리에 식당일을 그만두고 다시 택시 핸들을 잡았다.

그녀는 사람들의 수군거림에 화가 나고 열등감이 생겨 그만둔 게 아니었다. 그들을 탓하기보다 '그들이 나에게 중국 교포나 조선족 아니냐고 말하는 게 문제가 아니라 그렇게 보이는 내가 문제'라고 생각했다.

그렇게 다시 택시를 운전하다가 영어 표지판이 눈에 들어왔다. 몇 년 동안 영어 표지판을 보면서도 읽지 못하는 게 너무 답답했다. 그래서 영어를 배우기로 했다. 큰딸이 택시 옆 좌석에 탄 채 '시티홀'은 시청, '컬처'는 예술이라고 말해주면서 틈틈이 '옆자리 영어 공부'를 시작했다.

하루는 개인택시 산악회 모임에서 단체로 관광버스를 타고 등산을 간 일이 있었다. 그녀가 분위기도 잘 맞추고 열심히 일하는 것을 본 개인택시 기사 후배가 "누님은 보통 사람이 아니다. 특별한 명품이다. 누님은 명품이다"라고 그녀를 칭찬했다. 당시엔 평정심을 유지하며 그렇게 들뜨지 않았는데, 집에 돌아와 가만히 생각하니 '그 말처럼 진짜 명품이 되어야겠다'라는 생각이 들었다.

그렇다면 진짜 명품이 되기 위해 무엇을 해야 할까? 그녀는 가장 먼저 공부를 해야겠다고 결심했다. 초등학교 졸업이 학력의 전부였던 그녀는 57세에 중학교 검정고시 등록을 했다. 그리고 그해에 중학교 검정고시를 합격하고, 이어 고졸 검정고시도 합격했다. 게다가 다음해인 2012년에는 울산대에 입학하는 쾌거를 이루어냈다. 젊은 사람들도 쉽게 해내지 못한 일을 결심하면서 그녀는 바로 실천했고, 결과로 만들어낸 것이다.

대학교에서 그녀가 선택한 학과는 경영학과! 다른 사람들의 경우 사업을 하거나 비즈니스 기법을 배우려고 경영학과를 선택하는 경우가 많다. 하지만 그녀는 집안이 경제적으로 어려워지고 부채가 생긴데는 자신이 돈 관리를 못하고 집안 경영을 못한 탓이 아닐까 생각되어 경영학과를 선택했다.

이후 그녀는 사회복지학을 복수전공하면서 사회복지사 2급 자격증을 취득했다. 그리고 학교생활도 열심히 하여 3.7점이라는 높은 학점을 받았고, 4년 내내 예상치도 못했던 국가 장학금으로 학교를 다닐 수 있었다. 10년 동안 책 한 권도 안 읽어본데다 항상 사람들과 수다 떨고 노는 것을 즐겼던 그녀가 공부를 하겠다고 다짐한 순간부터 180도 달라진 것이다.

이미 60세를 훌쩍 넘긴 그녀의 열정은 아직도 현재진행형이다. 지금은 대학원을 다니며 국내 최고의 엘리트 '명품'이 되기 위해 노력하고 있다.

그녀는 지금의 자신을 있게 한 데는 4명의 스승이 있었다고 말한다. 첫 번째는 자신을 중국 교포가 아니냐며 핀잔 아닌 놀림을 주었던 분들, 두 번째는 자신을 명품이라 불러줘 공부를 시작할 수 있게 동기부여를 해준 택시기사 동료, 세 번째는 택시를 같이 타고 다니면서 영어를 가르쳐주며 공부할 수 있도록 격려해준 큰딸이다. 그리고 마지막으로 인생의 멘토인 시아버지다. 그녀가 존경하는 시아버지는 살면서 어려움이 있을 때마다 든든한 삶의 버팀목이 되어주셨다.

그녀는 국민연금으로 받는 35만 원과 자신이 일하면서 마련한 15만 원을 합쳐 총 50만 원이라는 돈을 자신의 삶에 투자했다. 그렇게 50만 원씩 모아 62세에 대학원에 입학한 그녀는 '최선을 다해 최고가 되자'라는 가훈을 받들어 열심히 살아가고 있다. 그리고 그녀는 자신의 가족 이야기로 다큐멘터리를 만들고 싶다고 했다. 그녀의 그 꿈이 꼭 이루어지길 바란다.

누구나 말하지만 인생에서 늦은 때란 없다. 하지만 막상 무엇인가에 도전하려고 하면 너무 늦은 게 아닌가 고민하게 된다. 62세의 나이에 만학도로서 도전하며 노력하는 그녀를 보면서 다시 한 번 '인생에서 늦은 때란 없다'라는 진리를 사람들이 깨달았으면 좋겠다.

자신의 한계를 극복하다

- 동기부여 강사 김재원

울산 영웅들의 이야기 가운데 나에게 큰 감동을 주었던 한 사람이 있었다. 바로 자신의 한계를 극복한 김재원 씨다.

김재원 씨는 사고 때문에 허리를 제대로 가누지 못하던 사람이었다. 온몸의 근육이란 근육은 다 빠져 있는 상황이었고, 허리뼈는 3, 4, 5번을 고정하고, 4번은 으스러져서 골반 뼈로 이식을 한 상태였다.

키가 작은 사람도 아니었다. 180센티미터의 키에 몸무게는 52킬로그램 정도였다. 키에 비해 너무나도 몸이 가벼운 사람이었다. 보통 사람들이 보기엔 정상적이라고 보기 어려운 몸이었다. 그랬던 그가 자신의 신체적 한계를 극복하기 위해 노력하기 시작했다.

한동안 꾸준히 운동장을 돌면서 기초 체력을 쌓은 그는 자신감이 생기자 산을 오르기로 결심했다. 그런데 문제가 생겼다. 가뜩이나 힘든 몸으로 산 근처까지 왔는데, 입구에 도착하기도 전에 체력이 모두 소진되었다. 오도 가도 할 수 없을 정도로 극심한 체력의 한계가 온 것이다.

결국 평소 친하게 지내던 동생에게 급히 전화해 도움을 요청했고, 동생이 온 이후에도 쉽게 자리에서 일어날 수가 없었다. 그런데 그날 자신을 도와주러 온 동생은 그에게 이런 질문을 던졌다.

"오빠의 꿈은 뭐예요?"

동생의 물음에 그는 당황스럽기도 하고 화가 나기도 했다. 평생 장애인으로 살아야 하는 자신을 동생이 놀리는 건가 하는 생각이 들던 것이다. 하지만 다시 진지하게 동생의 말을 생각해보게 되었고, 그 질문이 나중에 자신이 진짜 원하는 삶이 무엇인지를 생각하는 계기가 되었다.

사실 그는 가난한 집안에서 태어나 잘살고 싶다는 생각 하나만으로 누구보다 열심히 살았던 사람이었다. 한때는 롯데자이언츠 응원단장, KTF 매직윙스 응원단장, 댄스스포츠 선수생활과 재즈댄스 강사 등을 하면서 다른 사람들의 꿈의 대상이기도 했다. 그렇게 잘나가던 그가 어느 날 허리를 못 쓰게 되었다. 그런데 그 동생의 질문에 지금의 어려움을 딛고 일어서면 절망에 빠져 있는 다른 사람들에게 희망의 메시지가 될 수 있지 않을까 하는 데까지 생각이 닿았다.

그날부터 그는 '동기부여 강사'라는 꿈을 꾸기 시작했고, '10년 뒤 한 분야에서 최고가 되자'라는 목표를 세웠다. 그 목표를 이루기 위해 노력하다 보면 꿈은 분명 이루어질 것이라고 생각했다. 무엇보다도 그에게 가장 큰 허리 문제를 극복해보겠다고 다짐했다.

우선 그에겐 생활비가 급했다. 돈을 벌기 위해 '눈높이 수학'을 시작했다. 하지만 무거운 교재 가방을 들고 이 집 저 집을 방문해야 했기에 아픈 허리로는 무리였고, 수업한 지 2시간도 되지 않아 녹초가되었다. 그는 이를 악물고 허리가 끊어지는 듯한 고통을 참아내며 버텼지만, 1년이 채 안 되어 그만둘 수밖에 없었다. 하지만 그곳에서함께 일하며 밤마다 약을 챙겨주던 멘토 선배를 아내로 맞이했다.

이후 보험회사에 들어간 그는 '맨땅에 헤딩한다'는 생각으로 일했다. 무거운 교재를 들고 다닐 필요는 없었지만, 삶은 쉽게 풀리지 않았다. 관공서, 학교, 어린이집 등 그가 방문하지 않은 곳이 없을 정도였다. 하지만 정상적이지 않은 그의 몸을 바라보는 사람들의 시선에 또 한 번 눈물을 흘렸다.

그런 그를 보고 여자친구는 그의 전공인 '운동'을 살리라고 조언해주었다. 하지만 180센티미터였던 키는 177센티미터로 줄었고, 몸무게는 60킬로그램밖에 되지 않은데다 근육은 흔적만 보일 뿐 그의 신체는 전과 많이 달랐다. 그래도 혹시나 하는 마음에 트레이너를 모집한다는 공고를 보고 지원했는데 덜컥 합격한 것이다!

합격의 기쁨도 잠시, 처음에 그는 회원들에게 무시를 당했다. 비쩍마른 몸에 뒤틀어진 형상으로 어떻게 트레이너로서 사람들의 근육을만들어줄 수 있겠느냐는 편견 때문이었다. 정신적으로는 매우 힘들었지만 그럴수록 그는 더 노력했다. 그랬더니 2개월 후 그의 팬클럽이 생겼고, 사람들은 다치지 않고 운동할 수 있는 방법을 묻는 등 그

계속되는 시련에도 포기하지 않고 한 분야의 자문인이자 전문가가 된 동기부여 강사 김재원

는 그 분야의 자문인이자 전문가가 되었다. 하지만 너무 많은 사랑을 받은 탓인지 시기의 대상이 되어 오해를 받게 되고, 결국 다니던 직장을 그만두어야만 했다.

이후 다른 직장으로 옮기고 나서도 그의 시련은 계속되었다. 그의 추천으로 채용된 트레이너를 해고하지 못하도록 감싸주다가 오히려 그가 해고되기도 했다. '왜 시련은 나에게만 닥치는 것일까?' 그는 너무 분하고 억울했기에 이대로 무너질 수 없다고 생각했다.

결국 그는 '스피닝 전문숍'이라는 센터를 한강 이남에서 처음으로 오픈했다. 우려와 달리 스피닝 센터가 잘되자, 사람들이 그의 아이템과 비슷한 콘셉트로 센터를 운영하기 시작했다. 살아남기 위해 그는 누구도 흉내 낼 수 없고, 그만이 할 수 있는 무엇인가를 찾아야 했다. 그가 찾아낸 것은 그에겐 끔찍한 고통이었던 '허리'였다.

그는 '허리'에 대해서만큼은 전문가였다. 처음 아플 때부터 시작해 14년 동안 허리에 대해 연구했고, 골반이 자세에 미치는 영향과 예쁜 몸을 만드는 방법을 누구보다 잘 알고 있었다. 허리와 다이어트에 관한 지식은 그만이 갖고 있는 노하우였다. 그리고 이를 제대로 알리기 위해서는 마케팅이 필요했다.

그때부터 그는 자신의 가치를 높이기 위해 스피치 강사 과정, 개인 브랜딩 컨설팅, 그리고 청소년 리더십 강사 과정, 퍼스널 컬러 자격 과정 등을 공부하기 시작했다. 그러면서 예전에 꿈꿨던 동기부여 강사에 대한 열망이 떠올랐고, 동기부여 강사로 거듭날 수 있었다.

돌이켜보면 그에게 시련과 고통으로 다가왔던 그 모든 것들은 그를 더욱 강하게 만들었다. 그 과정을 통해 그는 동기부여 강사로 성장할 수 있었다! 그런 결핍과 간절함이 있었기에 그는 다른 사람들을 돌아보게 되고, 그들에게 꿈을 나눌 수 있게 된 것이다.

꿈은 그에게, 그리고 그를 통해 격려받는 다른 사람들에게도 소중하고 중요한 요소다. 꿈을 잊어버리고 혹은 잃어버린 채 하루하루 살아가는 데 급급한 사람들에게 그가 시련과 고통을 이겨낸 과정과 그의 끊임없는 노력이 생각을 전환하는 데 도움이 되길 기대해본다.

누구의 엄마가 아니라
내 이름으로 살겠다
- 한국공예문화 장한진 대표

고향은 대구. 스물세 살에 결혼하면서 남편을 따라 울산으로 오게 된
나이 어린 주부. 김덕희의 아내, 김범주의 엄마. 결혼을 하면 누군가
의 아내, 누구의 엄마로만 살아가는데 그게 과연 행복일까 고민하던
그녀는 자신의 이름을 다시 사용하면서 인정받고 싶었다. 그녀의 이
름, 장한진이다.

장한진 대표는 학교를 다닐 때 중고등학교 전교생들과 모두 인사
하고 지낼 정도로 밝고 활달하며 사교성도 좋았다. 그런데 어린 나이
에 결혼하고 남편의 보호 아래 온실 속의 화초처럼 살았다. 그리고
그런 일상을 행복하다고 생각했다.

그러던 어느 날 '장한진'이라는 자기 이름이 불리워진 게 까마득하
다는 생각이 들었다. 내 이름이 사라지고 없어져가고 있는데 나는 과

연 행복한가? 고민하던 그녀는 자신의 이름을 사용하면서 일하고 인정받고 싶다는 욕구가 생겼다.

때마침 아이가 어린이집에 다니기 시작했고, 울산방송통신대에서 풍선아트와 페이스페인팅 교육이 있다는 것을 알게 되어 수강하게 되었다. 그게 첫 시작이었다. 처음엔 무작정 무엇이든 하고 싶어서 시작했는데, 풍선아트 2급 자격증을 취득하면 방과후 강사로 활동할 수 있다는 이야기를 듣고 당시 40만 원이라는 거금을 투자해서 더 배우기 시작했다.

방과후 강사가 되기 위해 필요한 서류나 정보를 몰랐던 그녀는 180센티미터가 넘는 미키마우스 풍선 장식을 들고 학교를 찾아다녔다. 차도 없었으니 커다란 풍선과 어깨동무 하며 다녔을 그녀가 떠올라 웃음이 터져 나왔다. 그렇게 열심히 다닌 보람이 있었던지 학교에서는 학교 서류와 공지사항에 대해 상세히 알려주었고, 주임선생님의 도움으로 서류 준비까지 잘 마쳐 초등학교 방과후 강사가 되었다.

처음 8명 학생으로 시작했던 수업은 나중엔 35명 학생들로 꽉 채워졌다. 그도 그럴 것이 매월 학생의 어머니들과 통화하고, 아이들이 수업 시간에 활동하는 모습을 찍어 보내드리는가 하면, 방과후 수강생 모집 때는 미리 학교에 도착해 자신이 맡은 강좌를 홍보하기도 했다.

그렇게 방과후 강사를 하며 받은 첫 월급은 24만 원. 주부로만 지내온 그녀의 인생에 24만 원은 매우 값지고도 큰 돈이었다. 이후 3년 동안 그녀는 학교에서 받은 월급으로 또 다른 자격증을 취득하는 데

'신나게 즐겁게 놀며 함께 가자'라는 슬로건을 받들며 스스로 기회와 행운을 만들어가는 장한진 대표

사용했고, 공예 자격증 등 32개를 취득했다.

그러다 우연히 TV에서 '울산동천체육관 육아박람회' 광고를 보았다. 참가하고 싶다는 생각에 전화해보니 기본 부스 가격이 120만 원이라고 했다. 게다가 메인 자리는 더 비쌌다. 그녀에게는 거금이었기에 포기하고 있었는데, 간절히 바라면 이루어진다는 그 마법이 그녀에게 통했다! 박람회 이틀 전에 자리가 하나 비었다며 무료로 박람회에 참가하라는 연락을 받았다.

운 좋게도 박람회에 참여하게 된 그녀는 주위 몇 분과 4일 동안 박람회 행사를 진행하고, 그곳에서 아기 욕조를 판매하는 한 대표님을 만나 바스붐 사업을 하게 되었다. 처음으로 외부에 납품이라는 일을 하게 된 그녀는 무척 설레었다고 한다. 매월 1,000개씩 업체에 납품하기 위해 식사 시간도 할애하며 물건을 맞췄다. 그런데 처음에는 입금이 잘되었는데, 언젠가부터 입금이 안 되어 그만두게 되었다.

남편의 월급으로 몇 년 동안 힘들게 모은 돈을 천연 바스붐, 천연비누 제조업 사업에 투자하고 몇 달 만에 잃게 된 그녀는 크게 좌절했다. 그때 제조업을 하면서 그녀는 느낀 점이 정말 많았다고 했다. 그러면서 제조업을 하는 사람들은 다음 원칙을 지키라며 팁을 알려주었다.

① 물품 납품 전에 반드시 선입금으로 70~80퍼센트를 받아라. 그런 다음 납품하고 나서 20~30퍼센트를 모두 받으면 된다.

② 물품이 최고라도 구매처가 없으면 망한다.

③ 재료 물품은 절대 사재기를 하지 말라.

④ 유통기한이 있는 제품을 사고 팔지 말라.

⑤ 구두 계약이 아닌 업체 간 서류 작성을 기본으로 하라.

성공은 그리 쉽게 오는 게 아님을 깨달았지만 그녀는 포기하지 않았다. 다시 자신이 잘할 수 있는 것을 찾아보았다. 이후 울산청년창업센터라는 '톡톡 스트리트'에서 3년간 오픈 매장으로 수많은 시행착오를 거쳤고, 결국 그녀는 자신만의 센터를 갖게 되었다.

전업주부였던 그녀는 현재 매년 3,000여 명 학생들의 직업체험 프로그램을 진행하는 업체의 대표로서 50여 명의 강사들과 활동하고 있다. 그녀는 10여 년 전의 꿈을 모두 이루었다. 그리고 그때의 자신보다 더 많이 성장했다고 자신 있게 말한다.

'신나게 즐겁게 놀며 함께 가자'라는 슬로건을 받들며 일하는 그녀는, 될 때까지 해보니 내가 하고자 하는 일이 이루어졌다고 말한다. 그러면서 누군가 만들어주는 기회와 행운이 아닌 자기 스스로 기회와 행운을 만들어야 한다며 강조했다.

모든 것을 다 이룬 것 같은 그녀는 지금도 새로운 꿈을 꾼다. 그녀의 꿈은 ① 전국 지사, 가맹점 모집 ② 해외 지사 ③ 교재 개발 ④ 주부 역전 스토리 책 출간 ⑤ 꿈 비전 강연가 ⑥ 2층 건물 구입 후 전국 최대 교육 관련 센터가 함께 입점해 윈윈하기 ⑦ 후원 사업 ⑧ 인서울 대학교 박사학위 ⑨ 세계 여성 CEO 한국 대표로 해외 초청 강연 ⑩ 나만의 제조물품 제작 또는 무역업 ⑪ 계열사 10개 만들기다. 2027년 그녀는 또 어떻게 변해 있을지 기대된다.

마지막으로 주부에서 인생 역전을 한 그녀는 이렇게 말한다.

"저처럼 평범한 주부에서 자랑스러운 자신의 이름으로 불리는 주부들이 더 활발히 사회생활을 할 수 있도록 도움을 주는 대표가 되겠습니다."

비록 평범한 주부라 하더라도 자신의 꿈을 믿고 잠재력을 믿으면 무엇이든 이룰 수 있음을 장한진 대표는 몸소 보여주었다.

성공은 쉽다,
성공할 때까지 실패하면 된다
– 콧수염 난 피터팬 최재식 대표

최재식 대표의 첫 인상은 매우 이색적이다. 하얀 피부에 까만 콧수염을 가진 매력적인 청년 대표다. 그는 현재 마케팅 회사, 커피숍, 골드바 멤버십, 창업 컨설팅, 생방송 울트라, 인터넷라디오 창업 아재 등 수많은 활동을 하고 있다. 그리고 지금은 그룹 회장을 꿈꾸는 청년창업가 '최 회장'이라는 별명으로 지내고 있다.

최재식 대표는 어린 나이에도 세상을 보는 남다른 패러다임으로 주위를 놀라게 하는 통찰력을 가지고 있었다. 그런 그가 성공에 대해 이야기했다. 단순했다. 성공할 때까지 실패하라는 것이다.

사실 실패하는 것은 어렵다. 대부분의 사람들은 실패를 안 하려 하기 때문이다. 실패를 하면 혹시 주위에서 비난받고 낙오자가 될 것 같고, 희망이 사라지며 끝이라고 생각된다. 하지만 그는 말한다, 실패하고 실수하는 것을 당연하다고 생각하라고. 계속 노력하고 이루고 성취할 때까지 행하면 결국 성공한다고 말이다.

그가 걸어온 길을 돌아보면 실패의 연속이다. 도전이라고 말하기에도 무식할 정도로 많이 시도하고 시작했던 일들이 지금의 그를 만들었다. 그것을 사람들은 '용기'라고 불렀다. 하고 싶으면 해보는 용기를 가지면 하나씩 무엇인가 성취하게 된다. 그리고 성취한 것들이 모이면 사람들은 '성공'이라고 부른다. 그는 성공한 사람이 되고 싶었다.

중학교 때까지 그는 공부도 제법 잘하고 학생회장으로 졸업했다. 그런데 고등학교에 진학해보니 공부가 어렵고 흥미도 없어져 모범적인 학창 시절은 그때 끝나버렸다. 어떻게 대학교를 가고, 어디로 가야 할지, 왜 가야 하는지에 대해 많은 고민을 하게 되었다. 고민하던 중에도 책읽기와 신문 보기는 게을리하지 않았다.

그러던 어느 날 신문을 보다가 '성공한 남자의 차'라는 코너를 보게 되었다. 그 면에는 성공한 사람을 CEO라고 지칭하며, 멋있는 외제차 SUV를 소개하는 광고가 실려 있었다.

'저게 성공이라면 난 C.E.O가 되고 SUV를 타겠어.'

열일곱 살에 그는 꿈을 정했다. 그 뒤로 그는 어떤 일을 하든 이미 사장이 된 것처럼 사장 마인드로 일하기 시작했다. 그랬더니 놀라운 일이 생겼다. 단순히 아르바이트를 하는데도 돈을 받으면서 내 사업을 시도해본다고 생각하게 되었고, 필요한 것과 부족한 것들은 먼저 말하고 바꾸려고 노력하게 되었다.

일하는 것도 단순히 돈을 벌기 위해서 하지 않았다. 자신이 미래에

생각하는 대로, 말하는 대로 행하고 실천하
면서 꿈을 찾아가는 피터팬, 최재식 대표

직접 운영하게 될 사업 분야에서만 알바를 했고, 돈과 경험을 같이 얻었다. 거기에 자신은 생각지도 못했던 시간관리까지 정확히 되고 있었다.

어느 해 10월, 가을에 우박이 내렸다. 그것도 거짓말처럼 전국에서 그의 부모님의 감 농장 부근에서만 우박이 떨어졌다. 부모님은 감 가격이 반값도 안 된다며 속상해하셨다.

'내가 만약에 감 농장 대표라면 이 위기를 어떻게 극복해야 할까?'

그는 한동안 고민하다가 하나의 아이디어를 떠올리게 되었다. 그게 바로 우박 맞고도 떨어지지 않는 '수능용 단감'이었다. 우박을 맞고도 떨어지지 않은 이 감을 먹으면 감(feel) 떨어지지 않고 시험을 잘 본다는 내용의 '수능대박 예감'이었다.

그는 아침저녁으로 감을 따면서 부모님을 도와 드리고, 늦은 밤에는 예쁘게 감을 포장했다. 그의 어머니는 쓸데없는 짓 하지 말고 열심히 감이나 따고 일손을 도우라고 했다. 하지만 그는 포장한 감을 길거리에서 팔고, 지인들에게도 판매하기 시작했다. 결과는 어떻게 되었을까? 예상과 달리 쪽박이었다!

기획과 아이디어는 좋았다. 하지만 유통이 안 되다 보니 판매가 이루어지지 않았다. 실망하던 차에 그의 아이디어가 특이했던지 신문과 방송국에서 취재를 오기 시작했다. 덕분에 그의 어머니 감 농장은 유명세를 타기 시작했고, 감 판매 수익은 훌쩍 올라갔다.

그 시기에 그는 초등학교 때부터 꿈꿔 왔던 유럽 여행을 떠나게 되었다. 심리학적으로 누구든지 10년간 꿈을 갖고 있으면 어떤 형태로든 이루어진다고 한다. 17세의 철부지 고등학생의 꿈이었던 CEO도 그는 27세라는 나이에 청년 창업으로 이루었다.

27세에 창업한 그는 놀라울 정도로 빠르게 성장했다. 그리고 현장에서 더 많은 것들을 배우게 되었다. 29세 때는 동업자들이 생겼고, 사기꾼들도 만났다. 그리고 2개월 동안 7번 이사하면서 빨간 딱지라고 불리는 압류장도 받았다. 믿는 형이자 사업 파트너의 배임과 횡령, 그리고 인간적인 배신에 상처도 많이 받았다.

호사다마(好事多魔)라고 딱 그때쯤 그는 척추측만증에 걸려서 걷지 못하고 실린 채 병원에 입원하는 악재도 겹쳤다. 당시 친한 친구가 이삿짐센터에 취직했냐고 비아냥거렸는데, 아직도 잊혀지지 않는다고 한다. 그때 그의 통장엔 5만 원 남짓 들어 있었다. 그는 살기 위해 일해야 했다.

이후 사업 실패에 대한 이유를 분석해본 결과 그는 자신이 주도적으로 하지 않아서였음을 깨달았다. 그때 그의 마음을 다잡아주었던 노래가 유재석의 '말하는 대로'였다. 밥 먹고 자는 시간을 제외하고 그는 그 노래를 하루에 321번을 들으며 지냈다. 그렇게 마인드 컨트롤을 하면서 그는 실패가 곧 성공이라고 믿었고, 이후 정말 그가 '말하는 대로' 성공했다.

그는 자신이 열일곱 살에 적은 꿈의 목록을 지금도 가지고 있다. ① 직원들이 즐겁게 일할 수 있는 글로벌 기업 ② 책을 마음대로 읽을 수 있는 재식도서관 및 재단 설립 ③ 아내와 세계 여행을 하고 책 출판 후 강의와 기부다.

그의 눈빛은 여전히 살아 있다. 그가 열일곱 살에 적었던 꿈들을 10년 동안 성취한 만큼 앞으로 20~30년 후가 되면 얼마나 더 위대하게 변해 있을지 기대된다. '말하는 대로'의 가사처럼 나는 그를 '생각하는 대로 말하는 대로 행하고 실천하는' 꿈을 좇는 '수염 난 피터 팬'이라고 부르고 싶다.

비전을 이루는 데 도움되는 질문

—

1. 비전을 이루기 위해 당신이 참아야 할 것은 무엇인가요?

_____

_____

_____

2. 당신이 새롭게 만든 기회에서 발견한 내면의 에너지는 무엇인가요?

_____

_____

_____

3. 당신이 성공을 향해 가면서 발휘해야 할 새로운 믿음은 무엇인가요?

_____

_____

_____

5장.

상처를 꿈으로 승화시키는 5단계

꿈은 거부할 수 없는
힘이 있다

사람들은 꿈을 위해 많은 계획을 세운다. 그런데 그 계획을 실천하는 데는 항상 단서가 붙는다. '돈 벌면, 성공하면, 잘되면, 시간이 나면' 시작하겠다는 단서다.

하지만 꿈은 '들이대'야 나에게 현실로 다가온다. 행동할 때 꿈은 내 귀에 들어오고 '정말 하고 싶다!'라는 신호가 심장에 꽂힌다. 평소에 꿈을 위해 행동하지 않으면 심장을 뛰게 하는 기회가 다가와도 그 기회가 내 것인지 알지 못한다. '돈 벌면, 성공하면, 잘되면, 시간이 나면'이라고 미뤄왔기 때문에 또 미루게 된다. 그러다 보면 평생 꿈으로만 간직한 채 살아가거나 그 꿈이 있었다는 사실조차 잊어버리게 된다.

꿈은 마감 기한을 정해야 한다. 그래야 목표가 생기고, 실제로 행동할 수 있는 계획을 세울 수 있다. 내가 이렇게 꿈을 실천하라고 강조하는 데는 이유가 있다. 실제로 내가 경험했기 때문이다.

2011년 나는 아이들과 미국 여행을 다녀왔다. 그때 우리 집 형편이 마음 편히 미국 여행을 다녀올 정도로 넉넉했기 때문은 아니었다. 우리 가족이 월세에 살고 있었을 때, 그러니까 아들이 일곱 살 때 책에서 '자유의 여신상'을 보더니 이런 말을 했다.

"엄마, 이거 어디에 있어? 나 이거 보고 싶어."

아이는 비디오로 자유의 여신상을 봤는데, 책에서 다시 보니 실제로 보고 싶었던 듯하다. 당시 우리는 초코파이나 밥도 제대로 못 먹는 정말 어려운 상황이었다. 아이가 너무나 간절히 보고 싶어 해서 나는 '나중에 돈 벌면 꼭 보여주겠다'라고 약속하며 아이를 달랬다. 물론 미국 여행 경비가 어느 정도인지도 몰랐고, 미국 여행이라곤 상상조차 할 수 없었던 시절이었다.

그렇게 시작된 '미국 여행'이라는 꿈은 내내 내 마음속에만 있었다. '돈 벌면 가야지, 돈 벌면 가야지' 하고 생각만 했다. 하지만 연봉 1억 원을 달성하고 〈조선일보〉에 기사가 날 정도였지만, 그때도 나는 '나중에 가야지' 하고 생각만 했다. 남들이 볼 땐 지금쯤이면 '미국 여행'을 갈 수도 있을 법한 상황이었음에도 나는 그 타이밍을 알아차리지 못했다. 그때는 더 성공하고 싶다는 열망이 가득했기 때문이다.

시간이 흐르면서 아이는 결코 작지 않은 내 키를 앞지르기 시작했다. 그 순간 나는 아이가 내 품을 떠날 순간이 얼마 남지 않았다는 사실을 깨달았다. 전에는 아이가 "엄마" 하고 부르면 눈높이가 얼추 비슷했는데, 어느 순간부터 내가 아이를 올려다보고 있었다. 아이도 나를 내려다보며 "이제 내가 엄마보다 더 크네"라고 이야기하던 때였다.

아이가 이만큼 자랐다는 사실에 기쁘면서도 한편으로는 아이에게 좀 더 많이 해주지 못한 것 같아 미안했다. 그래서 아이가 내 품을 떠나기 전에 무엇을 해야 할까 고민해보았다. 지금까지 내가 약속했는데 지키지 못한 것은 없었는지 돌아보는데, 그때 '자유의 여신상'이 딱 떠올랐다.

아이는 자유의 여신상을 보고 싶다는 그 말을 기억하는지 모르겠지만, '다음에 가자'라고 했던 나는 항상 그게 마음의 빚이었다. 당장에 미국 여행비를 뽑아보았다. 생각보다 비쌌다. 미국까지는 힘들 것 같고, 필리핀이라도 가야겠다고 생각했다. 꿈이 작아진 것이다.

사실 필리핀에 갈 계획은 없었다. 아이들은 필리핀을 가고 싶다고 한 적도 없었는데, 마음의 빚을 청산하기 위해 필리핀을 알아보고 있었던 것이다. 한참을 필리핀에 대해 알아보다가 '내가 왜 이걸 알아보고 있지?'라는 생각이 들었다. 그러면서 '많은 사람들이 목적도 없이 좋아 보이는 것을 하려고 시간과 마음을 쓰고 있구나' 싶었다. 심지어 나도 그러고 있었으니 말이다.

원점으로 돌아갔다. 내가 헤매고 있다는 생각이 들면 그때 바로 원점으로 돌아가야 한다. 다른 계획을 세우면서 문제를 해결하려고 해서는 안 된다. 본질이 무엇이고, 원점이 무엇인지 다시 고민해야 한다. 결국 나는 다시 원점으로 돌아가 '미국 여행'에 대해 알아보기 시작했다.

1인당 500만 원 상당의 여행 경비가 들었다. 1인당 500만 원이니 2,000만 원 정도 드는 상황이었다. 우리 집에 놀러온 막내 여동생이 자기도 가고 싶다고 했지만, 큰 돈이 드는 상황이라 나는 단칼에 거절했다. 2,000만 원이라는 돈은 절대 작은 액수가 아니었기 때문이다. 그때부터 번다고 해도 2년이나 지나야 모을 수 있는 돈이었다. 하지만 그때가 되면 둘째아들도 나보다 훨씬 커버려 영영 못 갈 것 같았다.

그런 식으로 계산하면서 그동안 나는 미국 여행을 계속 미루고 있었던 것이다. 나는 마음을 고쳐먹었다. 이렇게 머릿속으로 계산만 하다가는 '미국 여행'이라는 꿈은 평생 이룰 수 없을 것 같았다. 나는 아는 언니에게 바로 전화했다.

"언니, 카드 한도 얼마나 돼요? 한도 올려서 카드로 1,000만 원 정도 빌려줄 수 있어요?"

언니는 갑자기 돈 부탁을 하는 나에게 이유를 물었다. 내가 미국 여행을 가려고 한다고 했더니, 언니는 카드를 빌려서 미국 여행을 가냐고 미쳤다고 말했다. 하지만 나는 찬찬히 언니에게 상황을 설명하고 이렇게 말했다.

"언니, 그게 내 꿈이야. 애들이 더 크기 전에 가야 할 것 같아."

언니는 "썩을… 거절도 못하게 말하네" 하더니 카드 한도를 올려 무이자 10개월로 나에게 1,000만 원을 빌려주었다. 그다음으로 또 다른 언니에게 500만 원, 그리고 대출로 500만 원을 빌려 총 2,000

만 원을 마련했다. 내가 생각해도 엄청나게 무리했다.

여차저차해서 비행기 티켓을 예매하고, 같이 가고 싶다던 막내 여동생도 함께 데리고 갔다. 미국 여행을 같이 갈 수 있다는 말에 여동생은 "진짜, 진짜?"를 연발하며 믿을 수 없다는 듯 말했다. 나는 막내 여동생에게 가출할 때 빌린 8,000원을 이자 쳐서 갚는 거라고 이야기해주었다.

그렇게 미국 여행이라는 꿈은 실현되었다. 우리는 미국에 도착해 맨해튼 거리도 구경하고, 나이아가라 폭포도 보러 갔다. 그런데 맨해튼에서 나이아가라 폭포로 가려면 버스로 7시간이나 걸린다고 해서 개인 경비행기를 빌렸다. 1시간 반 정도 걸렸는데, 그 금액도 카드로 결제했다. 그러면서 우리는 경비행기로 여행을 했다. 나이아가라 폭포에 도착해서는 폭포 위, 뒤까지 가보았고, 아이들과 배도 타보았다.

토론토 대학교(캐나다 온타리오 주 토론토에 있는 연구 중심 공립대학)에도 가보았는데, 아이들의 시야가 넓어진 것 같아 뿌듯했다. 아이들은 미국 사람들의 일상을 직접 보고 느끼고 겪으면서 미국에 대한 꿈을 꾸기 시작했다.

"엄마, 세상은 살 만한 곳인 것 같아. 근데 사람 사는 건 다 똑같은 것 같아. 지구는 진짜 하나인가 봐."

아이가 정말 보고 싶어 하던 '자유의 여신상' 앞에서는 아이들 사진도 찍어주었다. 그 외에도 이곳저곳 구경한 다음 우리는 한국으로 돌아왔다. 돌아온 후에는 10개월 할부로 빚을 갚으면서 '식겁'했다. 돈

아이들과 함께한 미국 여행 중 자유
의 여신상 앞에서 찍은 사진

을 빌려준 언니들은 내가 빚을 다 갚을 때까지 보험설계사는 그만두
지 못할 거라며 나를 놀려대기도 했다. 그런 언니들에게 나는 더 황
당한 이야기를 했다.

"근데 언니, 내년에 나한테 또 카드로 돈 빌려줘야 해."

내 말에 언니들은 이건 또 무슨 뚱딴지같은 소리인가 하는 표정이
었다.

"음… 내년에는 뉴질랜드 가서 남극 가야 할 것 같아. 그러니까 언
니 10개월 할부 끝나면 그때 다시 빌려줘."

언니들은 못 말리겠다는 목소리였지만, 그때 내가 부탁하면 또 어쩔 수 없다는 듯 빌려줄 것이다. 미국 여행 경비는 이후 모두 갚았다.

미국 여행이라는 꿈을 이루면서 깨달은 사실이 있다. 돈은 있다가도 없다는 것이다. 일부러 시간을 내려고 하면 시간은 쉽게 나지 않는다. 돈이 생기면 가야지 하면 돈은 쉽게 모아지지 않고 어디론가 모두 사라져버린다. 성공하면 가야지 하면 아이들과 돈, 기회는 나를 기다려주지 않는다. 이 모든 것들이 내 심장을 두근거리게 하는데, 알아차리지 못한다면 더 큰 성공의 기회가 와도 미룰 수밖에 없게 된다. 여전히 '내가 준비되면 해야지' 하면서 미루게 되는 것이다.

무엇인가를 하고 싶다는 마음이 들거나 심장이 두근거린다면 그때 시작하라. 그게 시작하라는 증거다. 그런데 안타깝게도 많은 사람들이 그 순간을 놓치고 만다. 그러기에 꿈에 들이댄다는 것은 인생에서 다시 오지 않을 중요한 기회임을 잊지 말아야 한다.

자신의 꿈을 이루기 위해 주도적으로 노력한다는 것은 인생의 기회를 현실로 만든다는 차원에서 매우 의미 있는 과정이다. 하지만 '들이댐'에도 나름의 철학은 있어야 한다. 무작정 다가서기보다 정성을 다해 그 일에 집중해야 한다.

내면에 정성이 없다면 인간관계든 꿈을 이루는 과정에서든 어떤 것도 제대로 할 수 없다. 사람들에게 무모한 사람으로 손가락질 받는 것은 물론이다. 그러니 정성을 다해 꿈에 들이대라. 그러면 어떤 것도 거칠 것 없으며, 이루고 싶은 꿈은 어느새 눈앞에 다가와 있을 것이다.

꿈을 이루는 데
시간 없다는 건 핑계다

몇 년 전 맛집에 관한 TV 프로그램을 보는데, 목포의 세발낙지를 먹는 장면이 나왔다. 생생하게 움직이는 낙지를 탕탕탕 잘라서 소금장에 찍어 먹는 리포터의 표정을 보면서 '맛있겠다'를 연발했다. 그리고 목포 낙지 맛은 어떨까 상상하며 내 꿈의 목록에 '목포 가서 세발낙지 먹기'를 적어두었다.

울산에서 전라도 목포는 너무 멀어서 시간을 따로 만들지 않으면 움직이기 쉽지 않았다. 그러다 보니 그 목표는 쉽게 이뤄지지 않았고, 나는 매년 빠지지 않고 꿈의 목록에 '목포 가서 세발낙지 먹기'를 적었다. 3년이 지나도록 무료하게 보내는 시간은 있었지만, 이상하게 목포까지 낙지를 먹으러 갈 시간은 나지 않았다.

그러다가 언제 갈까 하면서 플래너를 뒤적였다. 평일에는 출근하고 일하기에도 바빴다. 여행을 가려면 일주일 정도 빼야 할 것 같은데, 그러면 왠지 해외여행을 가고 싶지 단순히 목포에 세발낙지 먹으러 가고 싶지는 않을 것 같았다. 이러나 저러나 목포에 세발낙지 먹으러 갈 시간은 어디에도 없었다.

그래서 꿈의 목록에서 지워야겠다고 생각했다. 막상 지우려고 하니 뭔가 많이 아쉬웠다. 왜 망설여? 하고 싶으면 하면 되지? 그런 생각이 들었다. 그러면서 몇 년 전에 미국 여행을 가기 위해 시간을 만들었던 게 떠올랐다. 나는 바로 '우리 시간 되면 나중에 여행 한번 가자'라고 말했던 동생에게 연락했다.

"태윤아, 우리 목포 가자."

"목포? 목포엔 왜?"

동생은 전화하자마자 목포에 가자고 하는 언니의 말에 갸웃했다.

"세발낙지 먹으러!"

"뭐? 세발낙지 먹으러 목포를 가자고? 언니야, 낙지는 울산에도 있잖아."

"아니, 내 꿈의 목록에 있는 건데 3년이나 됐어. 지우려고 하니까 아까워서 가야겠어."

내가 꿈이라고 하자, 동생은 금요일 업무를 마치고 그날 밤 내 차에 동승했다. 아이들에게도 같이 가자고 했다. 하지만 목포까지 차에서 지루하게 있을 시간이 싫다며 다녀오라고 했다. 함께하지 못하는 게 아쉬웠지만 그렇다고 포기할 순 없었고, 오히려 나는 오랜만에 여행을 떠날 생각에 들떠 있었다.

동생이 7시에 퇴근하자마자 우리는 울산에서 목포를 향해 출발했다. 고속도로 휴게소에서 간단히 저녁식사를 해결하고, 7080세대의 인기 베스트 가요를 들으면서 힐링하듯 먼 거리를 한걸음에 내달렸다. 목포의 숙소에 도착한 시각은 정확히 밤 12시. 5시간 정도 걸린 셈이었다.

숙소에 도착한 나는 너무 피곤해 그대로 침대에 뻗어버리고 싶었다. 하지만 목포의 밤 풍경도 놓치고 싶지 않아서 칠흑 같은 어둠 속에서 한 시간 정도 시간을 보냈다.

다음 날 우리는 검색해서 목포에서 가장 유명한 세발낙지 집을 찾았고, 드디어 낙지를 손 안에 잡았다. 내가 젓가락에 꽈배기처럼 꼰인 호롱낙지를 입에 물며 감탄하자, 앞에 있던 동생이 웃음 넘어가는 소리로 입을 열었다.

"언니야, 그렇게 좋나?"

"오~ 진짜 맛있어! 맛있어!"

목포에서 식사를 마친 우리는 근교에서 풍경을 감상했다. 그러다 근처 증도에 태평염전이 있다는 사실을 알게 되었다. 평소 염전에 가보고 싶다고 생각했는데, 바로 옆에 태평염전이 있다니!

우리는 마치 운명처럼 끌리듯이 가보고 싶었던 곳으로 또 달렸다. 증도에 도착하자 믿기지 않을 만큼 넓은 염전이 눈앞에 펼쳐졌다.

"우와, 태윤아~ 염전이다, 염전~"

나는 어린아이가 산타할아버지를 만난 것처럼 내달리기 시작했다. 옆에 쌓아놓은 소금을 입에 넣어보기도 했다. 진짜 짰다. 증도에서

3년이 지나도록 이루지 못했던 '목포 가서 세발낙지 먹기'는 마음만 먹으면 충분히 가능한 꿈의 목록이었다.

우리는 염전도 보고, 짱뚱어도 구경하고, 소금커피와 아이스크림도 맛보며 사방팔방을 살피면서 여행을 즐겼다.

"태윤아, 내가 목포를 그렇게 오고 싶었거든. 그래서 드림 리스트에 매년 빠지지 않고 썼어. 그런데 여기 올 시간은 없더라고. 그런데 이렇게 회사 마치고도 한달음에 달려올 수 있다니 믿기지가 않아."

하루 더 있고 싶었지만, 아이들 생각에 점심을 먹고 우리는 다시 울산으로 돌아왔다. 돌아오는 길에는 벌교에 들러 저녁으로 꼬막 정식을 먹는 여유도 부렸다.

무엇인가를 하고 싶은데 하지 못했다면 시간이 없어서가 아니다. 하고자 하는 마음이 없었기 때문이다. 바람처럼 떠난 1박 2일의 목포 여행은 나에게 많은 것을 느끼게 해주었다.

꿈은 누구도 거부할 수 없는 주문이다.

시간은 꿈을 위해 투자할 때 결과가 나타나는 신의 선물이다.

시작은 모든 것이 갖춰졌을 때 출발하는 게 아니다. 내가 출발하면 시작점으로 만들어진다. 그래서 우리는 자신이 원하는 인생을 살 수 있는 것이다.

인생은 속도가 아니고
방향이다

언젠가 TV를 보고 있는데, 사슴 한 마리가 사자를 피해 열심히 도망치고 있었다. 사슴은 앞뒤를 돌아볼 겨를도 없이 정신없이 앞만 향해 질주해나갔다. 속도도 꽤 빨랐다. 그러나 그렇게 열심히 도망치던 사슴은 어이없게도 사자 무리가 있는 큰 나무 앞에서 머리를 박고 쓰러지고 말았다.

그 장면을 보는데 너무 안타까웠다. 그러면서 그 사슴이 나 자신일 수도 있겠다는 생각이 들었다. 사슴이 그렇게 엄청나게 속도를 내지 않았더라면, 혹은 사자 무리의 반대로만 달아났어도 살 수 있었을지 모른다. 인생은 속도보다 방향이라고 하지 않았던가. 그 사슴이 딱 그랬다.

우리는 모두들 정말 열심히 살아간다. 친구를 만날 시간도 없이,

여유롭게 나를 돌아볼 짬도 내지 못한 채 째깍째깍 움직이는 시계 바늘 속에서 반복된 생활을 한다. 그 바쁜 와중에서 나름 보람 있는 하루를 보내기 위해 시간관리도 하고, 비전 목표 관리도 하면서 책도 읽는다. 그런데 우리는 그 행동의 결과를 미리 생각하고 하는 것일까? 남들이 '좋다'라고 하니까 무작정 좇아가는 것은 성공을 위한 제스처가 아니다. 유행을 좇아서는 절대 성공할 수 없다.

내가 아닌 남들이 말하는 방향과 속도는 아무런 소용이 없다. 성공하려면 자신만의 속도와 방향을 유지할 수 있어야 한다. 아무리 빨리 간다 해도 방향이 적절치 않다면 인생은 아무 소용이 없다.

속도가 빠르다는 것은 약점이 될 수도 있다. 빠른 속도만 중요시하면서 가다 보면 원래의 시작점에서는 훨씬 더 먼 곳에 가 있게 되기 때문이다. 혹 잘못된 길로 들어섰다면 너무 멀리 가버린 후에는 되돌아오기조차 힘들다. 속도에만 치중해 무리하게 도전하다가 가진 재산이나 기력을 전부 탕진하고, 건강까지 잃어버린 사람들을 보면 인생에서 방향성이 얼마나 중요한지 깨닫게 된다.

예전에 회사에서 실적 우수자에게 〈조선일보〉에 사진을 게시해준다는 시책이 있어서 인정받고 싶다는 마음에 미친 듯이 일에 몰입했던 적이 있었다. 그때 나는 아이도 봐야 하는 형편이라 하교한 아이 둘을 차에 싣고 다니면서 밥을 먹이며 미친 듯이 일했다.

결국 원하는 성과를 냈고, 〈조선일보〉에 '삼성화재 베스트 RC(Risk Consultant)'라는 타이틀로 실리게 되었다. 즐거운 마음으로 신문을 들고 집에 들어서는데, 그제야 피폐해진 아이들이 눈에 들어왔다.

성공의 빛에 눈이 멀어서 차마 소중한 것을 인지하지 못하고 있었음을 그제야 알게 되었다. 결국 아들 하나는 폐렴으로, 하나는 영양실조로 둘 다 2인실에 같이 입원하게 되었다.

그때 나는 '회사에선 다 잘했다, 성공했다 하는데 나는 왜 행복하지 않지?' 하는 생각이 들었다. 당시 나는 연봉이 1억 원이었고, 세상 사람들 모두 나보고 성공했다고 말하는데 내 삶은 행복하지 않았다. 그때부터 나는 내가 원하는 삶이 무엇인지 생각해보게 되었고, 비전 보드를 만들게 되었다. 그리고 나의 역할별로 목표를 나눠서 적기 시작했다.

우선 나의 직업인 삼성화재에서 인정받은 RC 금융전문가로서 '선한 영향력을 가진 RC가 되자'라는 목표를 설정했다. 그래서 삼성화재에서 연봉 8,000만 원 이상 설계사들만 지원 가능한 SSU손해보험대학에 입학해 혁신상을 받고 졸업했다. 그리고 거기서 또 하나의 꿈을 꾸었다. 나도 저런 강의를 하는 강사가 되고 싶다는 꿈이었다. 그리고 SSU에서 강의하고 싶다는 꿈을 적었다. 삶의 방향이 정해지면 그다음은 훨씬 수월하다는 것을 알 수 있었다.

삶의 무게가 힘겨운 이들을 위한
3가지 처방전

친한 친구에게서 전화가 왔다. 친구는 굳은 결심이라도 한 듯 목소리에 힘이 잔뜩 들어가 있었다.

"해숙아, 나는 요즘 진짜 왜 사는지 모르겠다. 너무 힘들어서 언제까지 이렇게 살아야 하나 생각하니까 너무 막막하다. 그냥 교통사고라도 나서 죽어버렸으면 싶다. 근데 죽기 전에 너한테라도 전화 한번 해봐야지 싶어서 했다. 이렇게 힘든데도 진짜 살아야 하냐?"

혼자서 넋두리하듯 말을 뱉어내는 친구의 목소리에는 삶의 무게가 덕지덕지 붙어 있었다. 하지만 대부분 죽고 싶다고 말이라도 하는 사람은 '나 꼭 살고 싶어요', '내 이야기 좀 들어주세요'라고 마음으로 말하는 경우가 많다. 내 친구도 딱 그랬다. 나는 친구의 이야기를 찬찬히 들어주고, 친구의 상황에 공감하면서 친구를 달래주었다. 그렇게 20여 분의 통화를 하고 나서 친구는 이렇게 물었다.

"그래도 이렇게 사는 게 언제 끝날지도 모르니까 너무 힘들다. 너는 진짜 힘들 때 어떻게 하는데?"

힘들 때 어떻게 하느냐고? 친구의 물음은 내가 주변 사람들로부터 가장 많이 받는 질문 중 하나다. 어린 시절부터 별의별 상처를 다 겪으면서 지금까지 견뎌온 나였기에 그런 질문을 많이 하는 듯했다. 나도 친구처럼 '이대로 사라져버렸으면 좋겠다'라고 생각할 정도로 힘든 적이 많았다. 하지만 그 시간들 속에서 힘든 시간을 이겨내는 3가지 비법을 터득했다. 지금부터 삶의 무게가 힘겨울 때 하는 '최해숙표' 3가지 처방전을 소개해볼까 한다.

첫째, 행복 리스트를 만들어라.

'사람 마음은 하루에 12번도 더 변한다'라는 말이 있다. 사람 마음이 죽 끓듯 변덕스럽다는 부정적인 뜻이다. 하지만 나는 이 말이 긍정적으로 들린다. 사람 마음이 하루 24시간 중 12번도 더 바뀐다고 하니, 아무리 나쁜 감정도 2시간 이상은 지속되지 않을 것이기 때문이다. 기쁘고 행복한 일도 그렇지만, 정말 죽고 싶을 만큼 괴로운 상태도 2시간 이상은 안 간다고 하니 얼마나 다행인가.

따라서 2시간만 잘 버틸 수 있는 행복 리스트를 만들 것을 권한다. 행복 리스트는 자기가 좋아하는 노래, 생각하면 기분 좋아지는 것들, 전화하면 잘 받아주는 내 편인 사람 리스트들, 기분이 좋아지는 행동들이다. 나 역시 휴대폰에 내가 좋아하는 음악들을 담아두거나 기분 좋아지는 글을 수첩이나 휴대폰에 저장해두었다. 그러면 이유

없는 걱정들이 판칠 때, 에너지가 다운될 때, 걱정이 밀려올 때 내 의식을 용기로 북돋아줄 수 있다.

사람들이 느끼는 괴로움과 우울함은 대부분 외부에서 오는 크기보다 자신의 내면에서 만들어내는 걱정이 더 크다. 우리의 뇌는 한 가지만 의식할 수 있기 때문에 걱정을 계속하면 꼬리에 꼬리를 물고 부정으로 가득 차버릴 수밖에 없다. 결국은 일어나지 않을 일까지 본인이 만들어내서 스스로를 더 괴롭히는 것이다.

친구의 경우도 그랬다. 당시 친구는 남편의 경제적 무능력과 끝이 보이지 않는 불행 때문에 너무 힘들었던 것이다. 하지만 미래는 아무도 장담할 수 없다. 일어나지 않는 미래의 일까지 지금 현실에서 걱정해봤자 해결되는 일은 없다. 지금 친구는 딸의 재능을 찾아주면서 언제 자기가 그토록 죽을 만큼 힘들었는지 잊고 지낼 만큼 행복한 시간을 보내고 있다.

둘째, 에너지가 바닥일 때는 중요한 결정을 하지 않아야 한다.

우리는 어려운 상황일 때도 중요한 결정을 해야 할 때가 있다. 이 직장을 계속 다닐 것인지 말 것인지, 이 사람과 계속 사귈지 그만 사귈지, 돈을 빌려줘야 하나 말아야 하나, 그 사람에게 이 말을 할까 말까, 이사를 가야 하나 말아야 하나 등 수많은 선택 속에서 방황하고 어려움을 겪는다. 그런데 중요한 것은 어떤 선택을 하든 에너지가 다운되었을 때나 스스로 힘들다고 느끼는 마음 상태에서는 중요한 선택을 해서는 안 된다는 사실이다.

결정하기 힘들 때는 머릿속으로 생각만 하지 말고, 쉽게 풀리지 않는 문제를 종이에 적는 것도 좋은 방법이다. 내가 힘든 이유, 내가 결정해야 하는 것 등을 마인드맵처럼 적어나가면 실제로 그 문제는 생각보다 힘든 일이 아닐 수도 있음을 깨닫게 된다.

힘들 때 선택한 중요한 일은 시간이 지난 후 더 힘든 결과를 가져오는 경우가 많다. 그 문제를 해결할 에너지가 없을 때는 그 문제를 해결하기 위해 애쓰지 말고, 차라리 자신의 에너지를 올리는 데 집중해야 한다. 그때 필요한 것 역시 행복 리스트다. 자신을 행복하게 하는 것, 행복하게 하는 장소, 행복하게 해주는 사람들과 즐거운 시간을 보낸 후 에너지가 올라갔을 때 긍정적인 선택을 해야 한다.

긍정적인 상태에서 한 선택은 긍정적인 결과를 가져오는 경우가 많다. 부정적인 상태에서 한 선택은 부정적인 결과를 가져오는 경우가 많다. 우리는 에너지 활력의 수위로 선택하기 때문이다.

셋째, 혼자 있는 시간을 가져라.

사람은 누구나 혼자 마음의 해우소(解憂所)를 통해 정화할 시간이 필요하다. 일을 감당할 수 없을 때, 마음이 너무 아플 때, 행복 리스트로도 에너지가 올라가지 않는 괴로운 상태도 있다. 그럴 때는 혼자 있는 것이 낫다.

단, 얼마나 혼자 있을지 반드시 시간을 정해두어야 한다. 수십 번 변하는 사람 마음처럼 죽을 것 같은 고독과 괴로움의 수위도 최장 2시간이다. 2시간을 정해두고 혼자 자신의 아픈 마음에 집중하면 된다.

하루 종일 멍하게 있거나 사람들과 연락을 모두 끊고 이불 밖으로는 일체 나오지 않은 채 혼자 앓으면 절대 안 된다. 스스로 괜찮다고

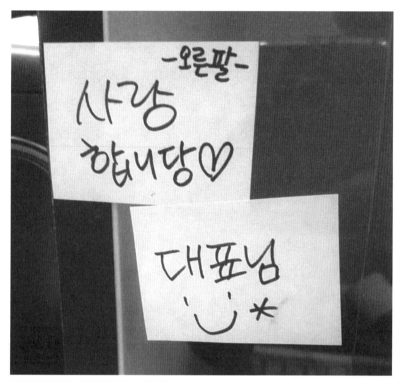
나를 행복하게 하는 사진 행복 리스트를 만들자.

토닥이며 위로해서도 안 된다. 자신의 힘든 상황과 괴로운 심정을 그대로 느끼며 눈물이 나면 울고, 오열하고 싶으면 소리 지르면서 그 감정에 몰입해야 한다.

그리고 그 시간이 끝나면 그제야 스스로를 위로해주어야 한다. "네 탓이 아니야. 괜찮아. 너는 사랑받기 위해 태어났어. 이제 좋은 일이 생길 거야. 다 잘될 거야"라고. 그런 다음에는 툭툭 털고 일어나 다시 일상으로 복귀해야 한다. 중요한 것은 시간을 정해놓고 자신의 마음에 충실하는 것이다.

눈물과 웃음이 공존한다는 것은 신의 선물이다. 사람들은 힘들 때 끝도 없는 땅굴 속으로 파고 들어간다. 에너지도 바닥으로 몰아넣는다. 스스로 괜찮다고 위로하면서 자신의 힘든 마음을 들여다볼 시간도 갖지 않은 채 일상생활을 계속해나간다. 그러다 보면 마음 한쪽에 힘든 마음이 응어리로 남게 되고, 언젠가는 주체할 수 없는 상황이 되어 폭발하게 된다.

자신의 마음을 괜찮다고 모른 척하며 지나쳐버리는 것은 자신을 학대하는 일이다. 힘들 때는 시간을 정해놓고 그 힘든 감정을 충분히 느끼고 힘들어하면서 그 감정을 보내주어야 한다. 그 시간을 보내고 나면 다시 행복 리스트를 만들어 에너지를 올리고 중요한 선택을 하는 것이다.

힘들면 마음껏 울어라. 기쁜 일이 있으면 마음껏 즐거워하라. 자신의 감정에 충실하라. 그게 당신을 행복하게 해주는 기본적인 마음 자세다.

나의 해피 리스트 만들기

1. 당신이 행복하고 즐겁게 몰입할 수 있는 것은 무엇인가요?

   _____

2. 당신은 어떨 때 기분이 좋아지나요?

   _____

3. 당신은 누구와 있을 때 기분이 좋은가요?

   _____

4. 당신은 어떤 주제로 이야기할 때 열정적인 모습이 되나요?

   _____

5. 당신이 좋아하는 가수나 감동받은 음악은 무엇인가요?

   _____

6. 당신이 편안하고 즐거워지는 장소는 어디인가요?

   _____

7. 당신에게 힘을 주는 메시지나 용기를 주는 책은 무엇인가요?

   _____

8. 당신은 해피 리스트를 어디에 적어두고 싶은가요?

   _____

꿈을 이루는 방법 ①
꿈을 이루는 첫 번째 단계, 상상하라

꿈을 이루기 위해 제일 먼저 해야 할 일은 무엇일까? 바로 이미 되었다고 상상하는 일이다. 건물을 지을 때 가장 먼저 해야 할 일이 무엇이라고 생각하는가? 대부분의 사람들은 설계를 하거나 땅 구입하기, 건축가 알아보기 등을 말한다. 모두 틀렸다. 가장 먼저 해야 할 것은 어떤 건물을 지을지 상상하는 일이다. 선명하게 완성될 청사진을 상상하고, 그 이후에 건물을 짓기 위한 돈도 설계도 건축가도 알아봐야 한다.

모든 것은 두 번 창조된다. 정신적으로 먼저 창조되고 나서 실제로 창조가 일어나는 것이다. 따라서 행동하고 설계하기 전에 그 행동의 결과가 어떨지 먼저 생각해봐야 한다. 선명하게 청사진을 그리는 것이 비전이고, 꿈을 이루는 시작점이다.

레몬이 하나 있다고 머릿속으로 상상해보라. 생각만으로도 벌써 시큼하지 않은가? 그럼 이번에는 반을 잘라 자신의 손 위에 올려놓아라. 레몬즙이 주르륵 흘러내린다고 상상해보라. 그리고 그 레몬을 한 입 베어 문다고 생각해보라. 벌써 입에 침이 고이고 찡그려지지 않는가? 실제 레몬이 없는데도 그런 반응이 나오는 것은 현실과 이상을 구분하지 못하는 '뇌' 때문이다.

나도 그런 경험이 있다. 보험회사에 입사해 2개월 정도 되었을 때다. 신입사원을 교육하던 주임님이 자기가 개척 활동을 했을 때의 이야기를 들려주었다. 나이가 좀 든 다음 입사를 해서 그런지 회사 직원들은 그를 입사한 지 오래된 것처럼 대한다는 내용이었다. 결국 사람들은 상대가 어떻게 말하고 행동하느냐에 따라 보이는 대로 대우한다는 것이었다.

마찬가지로 고객들은 내가 형편이 어려워 보험회사에 입사했는지, 금융 관련학과를 전공하고 전문 금융인이 되기 위해 보험회사에 취업했는지 모른다. 우리 동기 중에서도 경영학을 전공하고 입사한 나보다 한 살 어린 사람이 있었다. 나는 보물을 찾은 듯 희열을 느꼈다.

"맞아! 사람들은 내가 한 달에 100만 원을 버는 보험설계사인지, 한 달에 1,000만 원을 버는 억대 연봉의 설계사인지 모르잖아. 내가 행동하는 대로 그들은 믿는 거야!"

그날 이후 나는 스스로에게 '나는 연봉 1억 원의 보험설계사다', '나는 대한민국 최고의 보험설계사다'를 반복하며 세뇌를 시켰다. 차를 타고 이동할 때도, 밥을 먹고 나서도, 잠들기 전에도 마치 마법의 주문처럼 외웠다. 그러자 얼마 지나지 않아 목에 깁스라도 한 것 마냥 자신감과 자존감이 높아졌고, 발걸음도 전과 확 달라졌다.

재미있게도 선배들은 그런 나를 보고 '예의 없는 후배 1순위'로 지목했다. 다른 사람들이 보기에 당시의 내 형편이면 고개를 푹 숙이고 자신감 없는 모습이어야 할 텐데 실상은 전혀 달랐기 때문이다. 그때 내 마음속에는 그런 마음이 전혀 없었다. 나는 이미 그렇게 된 것처럼 상상하고 있었기 때문이다.

백지수표를 쓴 짐 캐리 이야기를 들어본 적 있는가? 짐 캐리를 스타로 만들어준 것은 문구점에서 파는 장난감 백지수표 한 장이었다. 아픈 어머니를 즐겁게 해주기 위해서 희극을 시작한 그는 배우의 꿈을 꾸게 되었다. 아버지의 실직으로 인해 집을 잃고 노숙 생활까지 하게 되었는데, 아버지를 위해 그는 문구점에서 가짜 백지수표를 구입했다. 그런 다음 수표 종이에 '1,000만 달러'라고 쓰고, '1995년 추수감사절'이라고 날짜까지 기입했다.

그런 다음 나중에 그 백지수표를 진짜로 바꿔주겠다며 자신과 가족들에게 호언장담했다. 백지수표를 발행한 지 4년 뒤 그는 영화 〈마스크〉의 주인공이 되었고, 같은 해 말에는 영화 〈덤앤더머〉로 700만 달러의 소득을 올렸다. 1995년에는 히트작 〈베트맨3 포에버〉에 출연하면서 그는 추수감사절에 정확히 1,000만 달러를 거머쥐게 되었다.

짐 캐리는 자기 자신에 대한 믿음이 있었다. 그의 꿈을 현실로 바꿔준 것 역시 자신에 대한 무한한 믿음 덕분이었다.

꿈을 이루는 첫 번째 방법은 '상상하는 것'이다. 이미 된 것처럼 상상하라. 청사진처럼 뚜렷하게 자신의 미래 모습을 그려라. 그리고 믿어라. 자신의 미래에 대한 기대가 자신의 '상상 극장'이 된다. 어떤 프로그램을 상영할지는 각자 자신의 선택에 따라 달라진다.

꿈을 이루기 위한 질문들

1. 현재 당신이 발전하기 위해 배우고 노력하고 있는 것은 무엇인가? 그 배움과
   노력의 결과는 무엇인가?

   _____

   _____

   _____

2. 3년 후 당신이 원하는 자신의 모습을 선명하게 상상하고 써보라.

   _____

   _____

   _____

꿈을 이루는 방법 ②

꿈의 목록을 적어라

부산의 한 고등학교에 비전 캠프 강의를 갔을 때의 일이다. 대부분의
아이들은 이루고 싶은 꿈으로 백두산 정복, 동대문 옷 장사, 기타 배
우기, 테니스 배우기, 노인이 되면 애인과 세계 일주 등을 적었다.

그런데 그중 자신의 꿈을 '대통령'이라고 적은 학생을 발견했다. 나
는 그 학생의 비전보드를 들여다보면서 30년 후에는 '김범석'이라는
대통령이 나올 것이라는 확신이 들었다. 그 학생의 확신과 계획들이
너무나 명확했기 때문이다. 강의를 들으면서 그 학생은 '구체적으로'
꿈을 그려나가기 시작했다.

"10대에는 중·고등학교 반장이 될 것이고, 대한민국 청소년 의회
의장이 될 것이고, 부산외고의 레전드가 될 것이며, 대통령상 수상,
대한민국 인재상 수상, 손석희와 대화, 공부를 1등 하고, 후회 없는

5장 상처를 꿈으로 승화시키는 5단계 ● 251

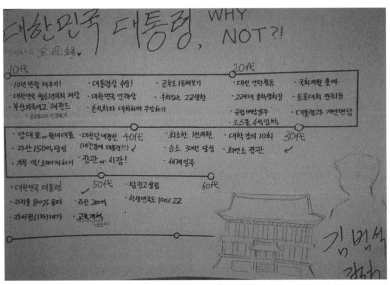

'대통령'을 꿈으로 적은 학생의 구체적인 비전보드를 보고 나는 그 학생이 정말 그렇게 될 수 있을 것이라고 믿었다.

고교 생활을 할 것이다. 20대에는 고려대에 입학, 총학생회장이 될 것이다. 로스쿨 수석 입학, 국회의원 출마, 토론대회 전국 1등, 대통령과 면담. 30대에는 최소한 일선 의원, 대학 강의 10회, 세계 일주, 최연소 장관을 할 것이다."

그뿐만이 아니었다.

"40대에는 당 대표나 원내대표가 되고, 자선 150억 달성, 기부도 억 소리 나게 한다. 당내 경선에서는 내친김에 대통령을 하지 말고 장관이나 시장을 먼저 하자. 50대에 지지율 80퍼센트의 대통령을 할 것이다. 자서전을 내고 반드시 교육개혁을 해서 탐진고등학교를 설립. 학생 만족도 100퍼센트 고교가 필요하다"라는 식의 이야기를 했다. 이 아이의 이런 구체적인 꿈에 대한 '기록'을 보고 "대통령 하시려고?" 하면서 비웃는 사람은 아무도 없었다.

학생은 대통령 아니면 시장이나 장관, 당 대표 등의 꿈에 가까이 다가갈 수 있는 발판을 마련할 것임에 틀림없다. 비전보드 작업을 하면서 오히려 내가 그 학생에게 더 많이 배웠다. 내가 이렇게 학생들의 꿈을 가시화시켜 주는 일을 하고 있구나 하는 생각이 들었다.

꿈이란 단순히 '직업'을 뜻하는 것이 아니다. 앞으로 세상이 바뀌는 속도는 훨씬 더 빨라질 것이다. 예전 우리 어른 세대들이 평생을 살면서 해야 할 고민들을 지금의 세대는 1년 안에 하는 경우도 많다. 그런 상황에서 단순히 어느 직업을 꿈으로 생각하는 사람은 어른이 되었을 때 그 직업이 사라져버리면 어디로 가야 할지 방향을 잃어버리게 된다.

꿈은 그 사람의 성품과 가치에 의해 결정된다. 간호사나 교사가 되고 싶다면 그 직업을 갖고 싶은 이유와 가치를 알아야 한다. 그러면 그 직업이 사라진다고 해도 그 가치를 실현하고 대체할 일을 찾을 수 있다. 따라서 꿈을 이루기 위해서는 자신이 하고 싶어 하는 일의 가치를 먼저 아는 것이 중요하다.

나 또한 보험설계사를 단순히 보험을 판매하는 영업사원이라고 생각하지 않는다. 한 가정의 경제적 안정과 안전장치를 설계해주면서 사람을 살릴 수 있고, 나의 오지랖을 펼칠 수 있는 일이라는 자부심으로 일하고 있다. 그리고 내 직업에 대한 그런 가치가 지금의 나를 만들었고, 그 가치를 알기에 더 당당히 나아갈 수 있다고 생각한다. 또한 내가 해보고 싶고, 먹고 싶고, 만나고 싶고, 가보고 싶은 곳들을 종이에 적어나가면 그 꿈의 목록들은 내가 포기하지 않는 한 곧 현실이 될 것이라고 믿고 있다.

우리는 금방 잊어버리기 때문에 적어야 한다. '적는 자만이 생존한다'는 적자생존에 대해 들어보았을 것이다.

1997년 미국의 하버드대 경영대학원에서 졸업생들을 대상으로 '지금 당신은 구체적인 미래의 계획과 목표를 글로 적었는가?' 하고 물어보았다. 그런 다음 20년 후에 그 질문에 답했던 학생들을 찾아가보았더니 흥미로운 결과가 나타났다.

구체적인 목표가 없던 27퍼센트는 다른 사람의 도움이 필요한 삶을 살고 있었고, 막연한 목표만 생각한 사람은 서민 수준의 삶을 살고 있었다. 또한 글로 쓰지는 않았지만 목표를 계속 생각했던 10퍼센트는 중산층, 글로 적었던 3퍼센트의 사람만이 상류층의 삶을 살고 있었다.

여기서 바로 '3대 97'이라는 숫자의 의미가 풀린다. 자신의 목표를 글로 적은 3퍼센트의 사람만이 부와 명예를 누리고, 그들만이 나머지 97퍼센트 사람들의 재산 10배를 가지고 있었던 것이다. 글로 적는 것이 얼마나 큰 힘을 발휘하는지 알 수 있는 대목이다.

예전에 개그맨 고혜성을 초대해 울산에서 강연회를 한 적이 있었다. 강연회가 끝나고 정리를 하고 나가려는데, 한 여자분이 나에게 다가와 다음 주에 자기와 좀 만나달라며 요청했다. 나는 명함을 건넨 후 다시 연락해달라고 말했다. 그러자 그녀는 대뜸 이렇게 말했다.

"그럼 다음 주 월요일 3시와 목요일 3시 중 언제가 좋으세요?"

그녀의 갑작스러운 약속에 나도 모르게 "목요일 3시요" 하고 대답했고, 다음 주에 그녀를 만났다. 그녀는 자신의 꿈을 이루기 위해 내가 필요하다고 말했다. 그녀의 말에 연세도 60세 정도 다 되어 보이는 그녀의 꿈이 무엇인지 궁금해 '꿈의 목록'이 있으면 보여달라고 했다.

그러자 그녀는 가방에서 작은 수첩을 하나 꺼냈다. 수첩에는 진돗개 부부 키우기, 정리정돈된 깨끗한 집에서 살기, 웃기도 사랑하기도 안아주기도 모자란 인생이니 화 내지 않고 살아가기 등 그녀가 살고 싶은 모습이 여러 가지 적혀 있었다.

그 수첩을 보면서 나는 큰 깨달음을 얻었다. 꿈은 나이와 아무런 상관이 없다는 사실을 확실히 알게 된 것이다. 100세 시대가 된 지금 제2, 제3의 삶을 살아가는 우리에게 꿈이 있다는 건 이 세상 최고의 보물이 아닐까 하는 생각이 들었다.

나의 꿈의 목록

1. 당신이 하고 싶은 것, 배우고 싶은 것, 갖고 싶은 것, 만나고 싶은 사람, 가보고 싶은 곳, 가슴을 뛰게 하는 것 등 순서에 상관없이 생각나는 대로 마음껏 적어보라.

꿈을 이루는 방법 ③

꿈을 구체적인 목표로 바꿔라

앞에서 꿈의 목록을 작성해보았는가? 자신은 꿈이 없다고 생각했는데, 막상 적어보니 이렇게 꿈이 많은지 몰랐다고 하는 사람도 있었다. 울산 경찰청에서 강의를 하면서 경찰관들이 적은 꿈을 공유했는데, 친구를 보고 싶다는 답변이 많았다. 나는 의외로 소박한 그들의 꿈에 놀랐다. 누구나 한번쯤 시간이 나면 가족들이나 소중한 사람들과 시간을 보내고 싶어 하는구나, 삶의 균형은 누구에게나 필요하구나 하는 것을 깨달았다. 따라서 꿈을 이루는 데는 '시간적 목표'를 세우는 것뿐 아니라 '역할적 목표'를 세우는 것도 필요하다.

사람은 단순히 존재하는 것이 아니다. 사람들과 어떤 형태로든 연결되어 있으면서 자신의 삶을 살아간다. 그리고 그 연결 안에는 각자의 '역할'들이 존재한다. 인생이 소중한 이유는 바로 거기에 있다.

예전에 내가 미친 듯이 일만 할 때는 친구들이 연락해도 바빠서 친구들 모임이나 동창회 등에 참석하는 일은 꿈도 꾸지 못했다. 일이 바쁘다고 생각했기 때문이다. 그러다 하루는 친구들 생각에 밥 한 끼 먹자고 전화를 했다. 돌아오는 답은 싸늘했다. "너, 바쁘잖아"였다. 안 바쁘다고 이야기를 해도 친구들은 그동안 내가 몇 번을 거절했기 때문에 당연히 바쁘다고 생각해 나를 제외시켰다. 나는 일만 했지 삶의 균형이 깨졌던 것이다. 이후로 나는 업무를 위한 시간관리를 넘어 역할별 목표를 중요하게 적기 시작했다. 엄마로서, 가족으로서, 친구로서, 설계사로서 등등.

내 삶은 여전히 바쁘다. 하지만 이전에 일만 하느라 바쁜 것과는 삶의 기쁨이 다르다. 이제는 친구와 밥 먹는다고 바쁘고, 중학교 때 너무 좋아했던 영어 선생님 만난다고 바쁘고, 일을 함께 한다고 바쁘다.

우리가 사람들에게 서로 다른 모습으로 존재하면서 역할을 더 풍요롭게 해줄 목표가 있다면 인생은 더 행복해질 것이다. 그러기 위해서는 자신에게 '나는 누구인가'라는 질문부터 해봐야 한다. '나는 누구인가'라는 질문에 답하면서 역할을 가진 자신을 분석해보면 역할별 목표가 분명해진다.

나 역시 내 역할과 사명이 있다. 나는 '삼성화재 RC'로서의 역할이 있다. 그리고 그 역할에 맞게 '내 고객을 위해 공부하고, 내 고객을 위해 최고의 자리를 지키며, 내 고객을 위해 나를 가꾸고, 열정을 품는 삼성화재의 자랑스러운 RC'가 되는 것이 나의 사명이다. 또한 나에게는 '대한민국 청소년 최고의 리더십 강사' 역시 하나의 역할이다. 이외에도 '꿈파쇼 리더', '아들의 꿈을 응원하는 엄마' 등의 역할도 있는데, 각각의 역할마다 목표가 있어야 한다는 게 내 생각이다.

그렇다면 '목표'가 중요한 이유는 무엇일까? 인생과 비즈니스에서 '목표가 없는 삶'은 큰 바다에서 표류하고 있는 것과 같다. 누구보다 열심히 뛰고 있지만 삶의 방향을 모른 채 뛰고 있는 사슴과도 같다.

삶의 방향을 정해두지 않고 무작정 열심히만 뛰다 보면 어느 순간 무엇을 위해 달려가고 있는지를 모르게 된다. 그러면 바로 상실감과 허탈감이 찾아와 무기력해지고, 나중엔 삶에 대한 배신감마저 들 수 있다.

인생에서 삶의 목표는 정말 중요하다. 어린 시절 학교에서 달리기를 하다가 넘어지면 어떻게 하는가? 누가 시키지도 않지만 다시 벌떡 일어나 달린다. 넘어져 아픈 다리를 이끌고 울면서도 골인 지점에 도착하는가 하면, 한쪽 발로 깽깽이처럼 뛰어서라도 목표 지점까지 간다. 왜 그랬을까? 선생님이 정해준 목표가 있었기 때문이다.

그런데 어른이 되면 선생님처럼 목표를 정해주는 사람이 없다. 그때부터는 자기 스스로 목표를 정해야 한다. 자신의 삶에 대해 설명해야 하고, 자기 삶의 목표를 정하고 말할 줄 알아야 한다. 그런 일련의 과정이 힘든 사람들은 어른이 된 후에도 멘토를 찾고, 목표를 줄 사람, 자신의 삶에 설렘을 주는 사람을 찾기 시작한다.

목표 없이 달리기만 하는 사람은 넘어져 피가 나면 가던 길을 되돌아간다. 자기가 원하던 길이 아니라는 변명을 하면서 말이다. 혹은 다른 사람을 탓하거나 구경하는 사람에게 짜증내면서 돌아서는 이들도 있다. 하지만 목표가 있는 사람은 다르다. 끝까지 달려서 목표 지점까지 간다. 그러기에 스스로 정한 목표가 필요하다.

그리고 목표를 정할 때는 구체적으로 해야 한다. 여기서 가장 중요한 것은 마감 기한을 정하는 것! 다분히 '행동 중심주의'여야 하고, '현실적'이어야 한다.

꿈을 이루려면 꿈을 목표로 전환해야 한다. 꿈을 목표로 전환하는 첫 번째 공식은 꿈에 마감 기한을 더하는 것이다.

목표 = 꿈 + 마감 기한

그런 다음 주위 사람들에게 이야기하고 다녀야 한다. 글로 표현하고 직접 말하고 다니면 꿈은 더 구체화되고 현실화된다. 삶에 목표가 있고, 그 목표를 말한다면 움직이는 배에 방향타를 설정하는 것과 같다. 목표를 말로 표현해 '살아 있게' 하는 것은 인생에 생명의 숨기운을 불어 넣는 것이다.

목표는 우리에게 자존감을 갖게 하고 살아 있음을 인지하게 해준다. 목표 없는 인생이야말로 진정으로 불행하며 우울하다. 그러니 목표를 정하고 표현하라. 그러면 삶은 달라질 것이다.

꿈에 마감 기한을 정하면 목표가 되고, 목표를 잘게 나누면 계획이 되고, 계획을 실천하면 꿈은 현실이 된다.

SMART 법칙에 따라 꿈을 구체적인 목표로 바꾸기

1. Specific(구체적인): 정확하게 무엇을 하려고 합니까?

_____

_____

_____

2. Measurable(측정 가능한): 행동했는지 어떻게 알 수 있을까요?

_____

_____

_____

3. Achievable(달성 가능한): 당신이 해낼 수 있는 일인가요?

_____

_____

_____

4. Realistic(현실적인): 현실에서 가능한 일인가요?

_____

_____

_____

5. Time-bound(기한이 정해져 있는): 언제쯤 목표를 달성할 것입니까?

_____

_____

_____

꿈을 이루는 방법 ④

자신의 꿈을 생생하게 그려줄
비전보드를 만들어라

20대 중반, 생계를 위해 보험회사에 입사한 지 얼마 되지 않아 우연히 '프랭클린 플래너를 쓰는 사람들'이라는 인터넷 카페에 가입하게 되었다. 이후 한 달에 한 번 오프라인 모임에도 참석했다. 계모임 같은 친목이 아닌 자신의 플래너를 가지고 와서 시간관리 하는 법, 그리고 삶의 패러다임에 관한 이야기를 나누는 파트너십 같은 모임이었다. 성공 습관을 위한 좋은 모임이었다.

그곳에서 모임의 리더를 담당하던 20대 초반의 한 청년을 알게 되었는데, 그가 자신의 미래라고 비전보드 한 장을 보여주었다. 청년의 비전보드에는 '월트 디즈니랜드 한국 지사장 되기, 매출 100억 달성하기, CEO 되기' 등 세상물정 모르는 듯한 20대 젊은 청년의 허무맹랑해 보이는 꿈들이 가득 적혀 있었다.

그런데 잠시 후 그는 방금 말로 하던 그 내용에 연도를 적고 실제로 이루어진 것처럼 사진을 붙여놓은 PPT 한 장을 띄웠다. 마치 사진 속 일들이 현실이 된 것처럼 생생하게 만들어진 '비전보드'였다! 그것을 본 순간 내 심장은 쿵쾅거렸다.

비전보드에 쓰여 있던 그의 미래는 마치 현재인 것처럼 적혀 있었고, 그는 그 모든 것을 이룬 사람처럼 멋있고 힘 있어 보였으며, 존경스럽기까지 했다. 나의 뇌가 이미 그 청년의 미래를 보고 인지하고 있었던 것 같았다. 그 비전보드를 본 이후 나도 비전보드를 만들기 시작했다.

내가 비전보드를 만드는 것을 보고 아이들이 묻길래 "엄마가 평생 이루면서 살 엄마의 꿈 비전보드야"라고 설명해주었다. 그랬더니 큰아들은 "그럼 엄마, 나 람보르기니 사줘"라고 말했다. 그러자 둘째아들은 "나는 헬기"라고 했고, 지켜보던 남편은 "그럼 나는 전원주택" 하며 외쳤다. "좋아, 그럼 이 주택은 당신 집, 이 주상복합은 내 집" 하면서 나는 가족들의 희망사항을 수정해 넣으면서 나에게 힘을 줄 수 있는 말도 적었다. "내 인생은 즐겁고 신나죽겠다!"라고.

나는 비전보드를 현수막으로 출력해 작은 방에 걸어놓았고, 매일 비전보드를 보았다. 그러자 현실과 이상을 구별하지 못하는 나의 뇌는 마치 현실인 양 받아들였고, 나는 매일 새롭게 태어나는 듯한 에너지를 얻었다. 비전보드를 만든 후 내 삶의 많은 것들은 실제로 이루어졌다.

스스로 선택했기에 어떤 어려움도 기꺼이 견뎌 낼 수 있습니다.
모두가 잠든 시간에도 나의 열기는 뜨겁게 즐겁게 빛난다.

람보르기니 타기, 헬기 타기, 주상복합에서 살기, 김혜수처럼 사진 찍어보기 등 나의 구체화된 비전보드

강사로서의 도전

처음 강사에 도전했을 때는 긴장되고 두근거려서 미칠 것만 같았다. 몇 번의 시도를 했지만 고배를 마시기도 했다. PPT 만드는 법도, 동영상을 어떻게 활용하는지, 글자 입력하는 방법조차 몰랐다. 늦은 밤 졸린 눈을 비비면서 자료를 만들면서도 '내가 왜 이러고 있지? 보험만으로도 먹고사는데? 왜 강사의 꿈을 이루겠다고 이러고 있는 거지?' 하고 생각했다. 그때의 나를 위해 비전보드에 이 말도 적었다.

"스스로 선택했기에 어떤 어려움도 기꺼이 견뎌낼 수 있다. 모두가 잠든 시간에도 나의 열기는 뜨겁게 즐겁게 빛난다."

강사로서 교육을 받고 새 마음으로 시작을 했다. 이루고 싶은 꿈이었기에 시작했지만, 세상에 공짜가 없다는 사실을 절실히 깨닫기도 했다. PPT에서 하지 말아야 할 것도 몰라서 몇 번씩 지적을 받기도 했다.

그렇게 첫 강의를 부산대에서 치렀다. 첫 강의라는 사실을 들키지 않기 위해 최대한 여유 있는 척 강의를 진행했지만, 다 마치고 집에 돌아와서는 꼬박 일주일을 앓아누웠다. 그런데 입은 벌어져 있었다. 내가 원하던 꿈을 이루었기 때문이다. 누가 억지로 시킨 것이 아니라 내가 하고 싶었던 꿈이었기 때문이다.

람보르기니 타보기

비전보드가 중요한 이유는 그것이 삶의 자석이기 때문이다. 비전보드는 나를 끌고 가는 힘이 있다. 보험회사에서 우수자들 시책이 있었는데, 내가 달성하게 되어 시상자들과 중국 상해 여행을 가게 되었다. 여행 중 상하이에 있는 한 매장을 지나는데, 다른 설계사들이 "우와, 비싼 차다" 하길래 돌아보니 매일 아침 사진으로 보던 람보르기니 자동차였다!

다른 사람들은 탄성만 지르며 지나쳤지만, 그 자동차를 본 순간 나의 뇌는 마치 내 자동차인 양 매장으로 나를 이끌었다. 여행 가이드의 만류에도 불구하고 결국 나는 람보르기니에 올라타 보았다. 만져보고 아이들에게 이야기해줘야 했기 때문이다. 처음엔 가이드에게 도움을 요청했다. "탑승할 수 있는지 물어봐 주세요." 대답은 탑승이

꿈이 현실이 되는 순간, 람보르기니 타보기

안 된다는 것이었다.

　그렇다고 포기할 내가 아니었다. 나는 그곳에서 판매하는 17만 원짜리 열쇠고리를 구입한 다음 "열쇠고리를 살 테니까 한번 탑승해보고 사진을 찍을 수 있게 해달라"고 여행 가이드에게 부탁했다. 결제하는 동안만 앉아보겠다고 이야기한 다음, 직원의 도움을 받아 탑승해보고 사진을 찍을 수 있었다.

　한국으로 돌아와서 아들에게 람보르기니가 어떤 느낌인지를 이야기해주었다. 그러면서 "비록 람보르기니는 못 샀지만, 나중에 키는 꽂아볼 수 있게 키홀더 먼저 줄게" 하면서 열쇠고리를 선물로 주었다. 그러자 아들은 자기가 곧 람보르기니를 탈 것 같다며 말했다. 상상만 했던 일인데 엄마가 실제로 키홀더를 가지고 왔으니 현실로 다가오는 것을 직감한 것이다.

헬기 타보기

'꿈파쇼'를 하면서 보험설계사로 활동하려니 시간이 턱없이 부족했다. 일하는 시간이 줄어들다 보니 자연히 보험의 타이틀 자리도 내놓을 수밖에 없었다. 그래도 아깝지 않았다. 대신 지점에 도움이 되어야 하는데, 그러지 못하는 게 조금 미안하고 안타까웠다.

그런데 어느 날 보험회사에서 실적 우수자를 위한 시상 공지가 떴다. 삼성화재 이건희 회장이 타는 헬기로 울산에서 제주까지 가서 식사를 할 수 있다는 내용이었다. 그걸 보는 순간 심장이 마구 뛰었다. 왜냐하면 나는 아들에게 헬기를 사주기로 했기 때문이다. 설령 헬기를 사주지 못한다면 타보고 이야기라도 해주고 싶었다.

일주일 만에 100만 원의 보험 영업을 해야 했다. 하지만 작은 보험 금액으로는 100만 원을 맞추기가 쉽지 않았다. 게다가 나는 따로 하고 있는 강의도 있었기 때문에 결코 쉬운 일이 아니었다. 하지만 내 심장은 계속 뛰고 있었고, 어떻게 해서든 목표를 이루겠다고 생각하니 눈에 불꽃이 튀었다. 나는 가망 고객도 없는 백지상태에서 고객들에게 전부 전화를 하기 시작했다. 새벽까지 전화 면담을 하고, 하루에 11명을 만났다. 일주일 동안 그렇게 미친 듯이 일을 했다. 정말 오랜만에 입에 단내가 난다는 것을 느꼈다.

그리고 드디어 꿈에 그리던 시상을 달성했다는 소식을 접했다. 일

'헬기 타보기'라는 꿈의 목록이 이렇게 빨리 실현될 줄 몰랐다.

주일 만에 이런 실적도 가능하다니! 한 달에 100만 원 정도 판매하던 나였는데, 일주일 만에 가능하다는 것은 이루고도 믿어지지 않았다. 나에게도 이런 잠재력이 있다는 걸 다시 확인할 수 있었다.

삼성블루스퀘어 무대에서 노래하기

한동안 TV 프로그램 〈남자의 자격〉 합창단이 이슈가 되었을 때 지인들에게 전화가 왔다. 그 프로그램에 출연하는 '박칼린'이라는 지휘자가 나를 닮았다는 것이다. 그 이야기를 들으면서 나는 오래전부터 마음속에 담아두고 있었던 뮤지컬 배우라는 꿈이 다시 꿈틀거리는 듯했다. 내가 아직 그 꿈을 포기하지 않았기 때문이다.

삼성블루스퀘어홀 무대에서 노래하는 것은 어린 시절부터 나의 꿈이었다.

마침 삼성화재에서 지역별 합창대회를 한다는 공지가 있었다. 세상에 보험회사에서 무슨 합창대회? 하지만 나에겐 완전한 기회였다. 나는 한 치의 망설임도 없이 바로 지원했고, 서울의 삼성블루스퀘어홀 무대에 서게 되었다. 꿈을 이루려면 공짜는 없는 법! 울산에서 부산까지 나는 4개월 동안 매주 토요일 8시간을 몇 번씩이나 왔다 갔다 하면서 연습을 했다.

드디어 꿈에 그리던 무대에 서게 되었다. 주차장에 서서 밥을 먹었는데도 즐거웠다. 무대에 선 나는 필이 충만한 상태로 노래를 불렀다. 합창이라 내 소리가 들리지도 않을 텐데 정말 최선을 다했다. 참석하는 팀에게 모두 주는 장려상에 그치긴 했지만 더없이 기뻤다.

누군가는 합창단이 뭐 그리 대단한 일이냐고 하겠지만, 나에게는 어린 시절부터 품어온 꿈을 이룬 자리였기에 너무 감격스럽고 행복했다. 그래서 나의 회사 삼성화재에 감사해하며 충성할 수 있는 애사심이 더 생겼다. 회사가 내 꿈을 이루어주었기 때문이다.

뮤지컬 배우 최정원 만나기

CBS 라디오에 출연한 적이 있었다. 라디오 출연 전에 사전 질문을 하는데, 좋아하는 사람이 있는지 묻길래 뮤지컬 배우 최정원이라고 답했다.

그런데 녹음 도중 DJ가 "최해숙 씨가 좋아하시는 분이 있다고 해서 그분과 전화 연결을 했습니다"라고 말했다. 수화기 저편으로 "안녕하세요, 뮤지컬 배우 최정원입니다"라는 소리가 들렸다. 순간 나는 놀라워하면서도 설마 울산 CBS에서 그녀를 섭외했을까 하고 의심했다.

나는 그녀를 연예인으로서 좋아하는 게 아니었다. 내가 꿈 앞에서 좌절했던 사람이고, 초코파이만 먹을 정도로 힘든 시절에 'The Winner Takes It All'을 부르면서 버텼기 때문이다. 그녀는 내 삶의 등대이자 빛과 같은 존재였다. 그런 나의 꿈을 가지고 장난치는 것 같아 불쾌했다. 그래서 비아냥거리듯 말했다. 정말 당신이 최정원이라면 〈맘마미아〉의 'The Winner Takes It All'의 후렴구를 불러보라고 말이다.

그랬더니 라디오 부스 밖에서 PD와 작가들이 하지 말라고 엑스 자

270

를 치면서 난리가 났다. 전광판에도 "해숙 씨, 장난치지 마세요. 그만하세요"라는 글이 들어오기 시작했다. 그러든가 말든가 나는 못 본 척했다.

그런데 갑자기 노래가 흘러나왔다. "이긴 사람만이 모든 걸~ 다 갖죠"라는 후렴구였다! 오프닝에서 일부러 생기 있고 예쁜 목소리로 "안녕하십니까, 꿈을 이루는 최해숙입니다"라고 말했는데, 그 후렴구를 듣자마자 모든 것을 다 잊고 눈물을 터뜨렸다. 그리고 마이크에 대고 "맞네, 맞네. 최정원이 맞네" 하면서 오열했다. 그러자 생방송 진행이 힘들다며 DJ가 말을 이어갔다.

"옆에 와 계신 최해숙 씨가 진정이 안 되어서 진행이 되지 않고 있습니다. 최정원 씨, 더 하고 싶은 말씀 있으시면 이야기해주세요."

DJ의 설명에 최정원은 "어떤 사연이 있는지 모르겠지만, 저를 보고 이렇게 좋아해주셔서 너무 감사합니다"라고 말을 받아주었다. 생방송 진행을 위해 내 마이크는 이미 꺼져 있었고, 뒤이어 DJ가 내 사연을 이야기해주었다.

"최해숙 씨는 어릴 때 꿈이 뮤지컬 배우였다고 합니다. 최해숙 씨가 옆에서 굉장히 오열하고 계셔서 제가 이렇게 이야기를 대신 들려드리고 있습니다."

DJ는 급하게 마무리 멘트를 했다. 그리고 전화를 끊으려 하는데, 최정원이 급히 제안을 했다.

"잠깐만요! 최해숙 씨를 만나고 싶어요. 마침 〈시카고〉 공연이 5월에 있는데 최해숙 씨를 초대하겠습니다. 최해숙 씨, 사랑하는 사람

내가 너무 좋아하는 최정원 언니와 함께

한 명 데리고 꼭 오세요."

라디오 방송이 끝나고 나는 전화번호를 받아 매니저와 연락한 후 공연장을 찾았다. 가기 전에 커플 텀블러를 구입해 그녀에게 선물로 주었다. 그런데 다음번 울산 공연에 왔을 때 너무도 고맙게 그녀는 'The Winner Takes It All'을 불러주었다. 그 노래를 듣고 나는 또 오열했다.

최정원은 "울산에 물맛이 정말 좋던데요. 제가 가지고 있는 텀블러가 있는데, 그 텀블러에 울산 물을 담아가겠습니다"라고 이야기했다. 내가 그 자리에 있다는 것을 알고 있구나 하는 생각이 들었다.

이후 나는 그녀와 한 번씩 안부를 전하는 사이가 되었고, 얼마 전에는 귤 한 박스를 보내기도 했다. "정원 언니, 덕분에 제가 많이 성장했습니다"라며 감사의 인사도 전했다. 그러면 그녀는 한 번씩 볼 때마다 "정말 많이 변했다. 또 달라진 것 같다"라며 나의 변화를 아낌없이 칭찬해주었다.

뮤지컬 배우 최정원은 나를 단순한 극성팬으로만 생각할 수도 있었을 텐데, 귀찮아하지 않고 존중해주었다. 울산에 공연이 있을 때면 보고 싶다고 말하면 기꺼이 무대 뒤에서 얼굴이라도 볼 수 있게 시간을 내주었다. 그리고 꿈파쇼 1주년 때는 축하 영상을 보내주면서 진심으로 응원해주었다.

그렇다면 왜 내가 최정원을 만날 수 있었을까? 왜 나는 합창단에 나갔을까? 왜 나는 강사가 되기 위해 밤새 노력했을까? 이유는 간단하다. 내가 하고 싶었기 때문이다. 그게 '전부'다. 그 모든 것들은 무엇과도 바꿀 수 없는 나의 '꿈'이었다. 이처럼 비전보드는 꿈의 자석으로, 내가 상상한 모든 것을 삶으로 끌어당긴다. 그러다 보니 비전보드가 있는 사람과 없는 사람의 삶은 크게 다를 수밖에 없다.

눈앞에 선명히 그릴 수 있을 정도로 생생한 비전을 가진 사람은 언제나 행복할 수 있다. 그 사람은 이미 자신의 꿈이 이루어지고 있음을 볼 수 있기 때문이다. 그런 생생한 비전은 삶을 바꾸고 건강을 바꾼다. 매 순간 환희에 차 있는 사람은 건강할 수밖에 없다. 행복은 다른 데 있지 않다. 마음과 몸이 튼튼한 사람이 자신의 꿈이 이루어지는 것을 볼 수 있다면 그가 세상에서 가장 행복한 사람이다.

내가 처음 비전보드를 작성하고 꿈을 꾸었을 당시엔 밥값조차 없던 '바닥' 신세였다. 그러나 비전을 가진 순간 빈곤은 풍요롭다고 생각되었고, 좌절은 희망으로, 어려움은 경험의 대가로 당연하게 받아들여졌다.

지도자에 관한 3,000여 건이 넘는 수년간의 연구 결과를 살펴보면, 위대한 지도자들은 공통적으로 '비전'이 있었다고 한다. 우리는 자신이 생각하는 대로 자신의 삶을 만들어간다. 자신이 미처 깨닫지 못하는 사이에 그렇게 되는 것이다. 이 사실을 깨닫는 것이 개인에겐 '인류 역사상 가장 중요한 발견'일 것이다.

나 역시 삶의 목표를 정하고 이를 눈에 보이는 비전보드 위에 그려내는 활동으로 기적과 같은 결과를 만들어냈다. 이는 단순히 자기만족이 아니었다. 비전보드는 자신의 생각을 붙들어주고 목표를 향해 나아가도록 독려해주며, 결국에는 빛나는 미래를 가져다준다. 아직도 비전보드의 힘을 경험하지 못했다면 지금부터라도 시작하라. 이루고 싶은 목표가 있다면 분명 도움이 될 것이다.

김수영을 만나다

내가 꿈의 목록에 대해 이야기할 때 가장 힘주어 강조하는 사람이 있다. 바로 꿈 전도사 김수영의 사례다. 실업계 고등학교 최초로 골든벨을 울린 소녀 김수영의 이야기는 내겐 파격과 신선함 그 자체였다. 어려운 환경 앞에서 좌절하지 않고 당당하게 자신의 삶을 선택한 그녀가 너무 대단하고 존경스러웠기 때문이다.

최근 그녀가 울산에 강의를 하러 온 적이 있었다. 그녀를 만나 즐

'상처'와 '꿈'을 대변하는 그녀에게 나는 자석처럼 끌린다.

겁게 이야기를 하던 중, 그녀의 이야기를 들으면서 나는 왜 꿈이 중요한지를 다시 한 번 깨달았다. 어떤 학생이 SNS에 아이폰을 갖는 게 소원이라는 글을 올렸다. 그 글을 본 김수영은 때마침 자기가 사용하지 않는 아이폰이 있어서 그 학생에게 보내주었다. 그러면서 맥북은 필요 없냐며 아이폰에 맥북까지 그 학생에게 보냈다.

아이폰 갖는 게 소원이라던 그 학생은 자신의 꿈이 과연 이루어질까 반신반의했을 것이다. 하지만 자신의 꿈을 명확하게 주위에 알리자, 그 꿈은 바로 현실화되었다. 그 학생의 이야기를 전해 들으면서 나는 꿈이 있다면 명확하게 하고, 그 꿈은 주위에 널리 알려야 누군가가 도움을 줄 수 있다는 생각이 들었다.

그녀는 세상이 변한 만큼 청소년들의 꿈에도 시대의 흐름을 반영해야 한다고 말했다. 그런데 부모들은 자녀들의 목소리에 귀를 기울이지 않는다며 안타까워했다. 청소년들의 꿈에도 관심을 갖는 그녀의 이야기는 울산의 청소년 강사 팀에게도 큰 감동을 전해주었다.

사람과 사람 사이의 관계에서 닮은 점이 있다는 것은 큰 호감을 갖게 한다. 나는 자석처럼 끌리듯 그녀에게 끌렸다. 무엇보다 '상처'와 '꿈'을 대하는 그녀의 자세에 깊이 공감했다. 꿈 전도사인 그녀의 앞으로의 행보가 더 기대되는 이유다.

꿈을 이루는 방법 ⑤

플래너로 시간을 관리하라

삶에는 나름의 도구가 있어야 한다. 사람마다 자신의 삶에 에너지를 주는 자원이나 삶의 도구는 다를 수 있다. 그런데 나에게 그 도구는 '플래너'다.

사람들은 시간을 관리하는 도구 가운데 수첩과 다이어리, 그리고 플래너의 차이점을 모르는 경우가 많다. 나도 그랬다. 하나씩 살펴보면 차이점은 이러하다. 할 일 목록을 간단히 적는 것은 '수첩', 그걸 묶음으로 묶어둔 것은 '다이어리', 자신의 인생 계획, 다시 말해 플랜이 함께 있는 것은 '플래너'다.

경영학의 창시자인 피터 드러커(Peter Drucker)는 "너의 시간을 알라"라고 말했다. 지금 우리가 보내고 있는 이 시간은 나중에는 목적지까지 가는 하나의 과정이 된다. 24시간이 부족해서 하루가 더 길었으면 좋겠다고 생각하는 사람도 있을 것이다. 시간이 되면 꼭 하고 싶은 일이 무엇인지 적어보고, 왜 아직까지 못했는지 써봐야 한다. 그러면 대부분은 '시간이 없어서'라는 답이 나온다.

살면서 내가 느낀 것은, 시간관리는 개인에게 생각지도 못한 무기가 된다는 사실이다. 사실 살아가는 데 나를 방해하는 장애물은 수도 없이 많다. 그중에서 가장 큰 장애물은 분명 환경이다. 그런데 그 환경을 뛰어넘을 수 있는 신의 선물이 있으니 바로 24시간이라는 '시간'이다. 시간은 인간에게 공평하게 주어진 선물이고, 나의 의지와 상관없이 흘러가기에 어떻게 활용하느냐에 따라 인생은 완전히 달라질 수 있다.

꿈을 이루기 위해서는 시간을 투자해야 한다. 하나를 버리고 하나를 선택할 수 있다면 좋겠지만, 자신의 역할을 유지하면서 꿈을 이루어야 하기 때문에 시간관리를 할 수밖에 없다. 나에게 시간관리를 하면서 스스로를 잊지 않게 해주는 도구는 플래너였다.

그래서 고등학교 강의 때도 학생들에게 플래너를 쓰도록 권했다. 그 학생들은 성적 하위 30퍼센트의 아이들이었다. 고등학생인데도 성적은 별로에 비전도 없었다. 외부 강사가 와도 책상에 엎드려 자는 게 일쑤였고, 리더십 강의도 안 되는 학생들이다 보니 선생님들도 고민이었다.

그런데 비전 강의와 플래너 쓰기 강의를 하고 3개월 후 전화가 왔다. 학생들의 성적이 올랐다는 희소식이었다. 그렇게 시간을 작게 쪼개어 실천하다 보면 아이들 중에는 "선생님, 손맛이 진짜 좋아요"

라고 피드백을 하는 학생들도 있다. 게다가 매일매일 완료했을 때 아이들이 느끼는 성취감은 말로 표현할 수 없을 정도다. 그런 식으로 플래너 쓰는 것이 습관화되면 아이들의 삶에 도움이 되는 것은 물론이다.

　시중에는 좋은 플래너나 다이어리들이 많이 나온다. 가끔씩 어떤 플래너를 구입하는 것이 좋은지 묻는 경우가 있다. 어떤 다이어리나 플래너든 목적은 내 삶의 우선순위인 소중한 것을 하고 이루기 위한 하나의 도구임을 명심해야 한다. 단순히 할 일 목록을 체크하는 것을 넘어 역할별 목표와 나의 꿈을 이루기 위해 투자할 시간이 그 플래너 안에 적혀 있으면 좋겠다.

　시간에 쫓겨 살지 말고 스스로 시간을 지배하는 사람만이 자신이 원하는 목표를 달성할 수 있다. 중요한 일에 속지 말고 선택하고 집중하라. 플래너는 그런 삶을 도와줄 것이다.

마무리 성찰 질문

—

1. 이 책을 통해 새롭게 알게 된 것이나 느낀 점은 무엇입니까?

_____

_____

_____

2. 당신이 성장했다면 그것은 무엇인가요?

_____

_____

_____

3. 용기를 내본다면 당신의 다음(next) 행동은 무엇이 될까요?

_____

_____

_____

4. 당신 자신을 지지하고 격려한다면 어떤 말을 하시겠습니까?

_____

_____

_____

이 책이 나올 수 있었던 데는 엄마로서, 삼성화재 설계사로서, 그리고 꿈파쇼 대표로서 나의 3가지 삶이 공존했기 때문이다. 그 역할을 할 수 있도록 도와주신 많은 분들, 그리고 이 책이 나오기까지 감사한 분들이 너무나 많다.

제일 먼저 삶의 희망으로 두 발을 당당히 딛을 수 있도록 도움을 주신 가장 감사한 분은 나를 믿고 내게 보험을 가입해주신 고객분들이다. 가정의 꿈과 미래 설계를 내게 맡겨주시고, 희로애락을 함께하며 끝까지 믿고 지켜봐 주신 소중한 나의 고객분들 한 분 한 분에게 무한한 감사의 인사를 보낸다. 아울러 곁에서 부족한 점을 채워주며 함께 자리해준 동료분들에게도 감사의 마음을 전하고 싶다.

꿈파쇼를 처음 시작할 때 '내가 왜 이 일을 계속해야 할까?' 하며 지치고 힘들어할 때 옆에서 힘이 되어주고, 의자도 옮겨주고, 김밥을 들고 나르며 아무런 이익이 없어도 모이는 것만으로도 행복해했던 초창기 멤버들 김이란 님, 심지영 님, 손경아 님, 장지숙 님, 이소현 님, 류현정 님, 그리고 무엇을 하든 당신 편이 되어 돕겠다고 했던 심갑숙 님, 강현주 님, 위성미 님에게도 감사의 인사를 보낸다.

그리고 책이 출간되기까지 엄청난 에너지를 쏟아주신 생각지도 김은영 대표님, 이런 멋진 분을 소개해주신 조성희 마인드스쿨의 조성희 대표님, 코칭 질문에 도움을 주신 나의 멘토 코치 김대묘 소장님, 가족 같은 부정(父情)으로 항상 응원해주시는 이태우 교수님, 삶에 힘을 주시는 김미 지점장님, 삶이 감동인 후광의 남자 정동희 고문님, 가장 큰 사랑으로 함께해준 멋있는 아들 박근우, 박성윤, 사랑하는 내 동생들 최정화, 최일숙, 바쁜 가운데 기꺼이 추천사를 써주신 이근미 작가님, 김진향 작가님, 이랑주 작가님, 조성희 작가님, 조우성 변호사님, 김수영 작가님, 이혜숙 대표님, 정철상 대표님, 신규영 대표님, 박연선 회장님, 송인혁 작가님, 이철환 작가님, 이성빈 작가님, 강범구 작가님, 그리고 꿈파쇼의 선한 가치를 알고 울산 영웅으로 자신의 삶을 당당히 살아오신 울산 영웅들에게 감사의 인사를 드린다.

끝으로 나의 큰 상처였던 그녀,

그리고 가장 큰 마음의 기둥으로 자리 잡은 그녀,

나의 엄마 손무등 여사님께 가장 큰 사랑의 마음을 전한다.

엄마, 사랑합니다. 그리고 지켜주셔서 고맙습니다.

꿈에 다가가는 당신에게
용기를 주는 한마디

상처도 스펙이다

1판 1쇄 발행 2017년 5월 17일

지은이 최해숙
펴낸곳 생각지도 **펴낸이** 김은영 **디자인** Mmato
종이 다올페이퍼 **인쇄 · 제본** 보광문화사
출판등록 2015년 5월 27일 제2015-000165호
주소 서울시 강남구 도산대로50길 54, 703호 **대표전화** 02-547-7425 **팩스** 0505-333-7425
블로그 blog.naver.com/thmap **이메일** thmap@naver.com

ⓒ 최해숙, 생각지도 2017
이 책은 저작권법에 따라 보호받는 저작물이므로 무단 전재와 무단 복제를 금지하며,
책 내용의 전부 또는 일부를 이용하려면 반드시 저작권자와 생각지도의 서면 동의를 받아야 합니다.

이 도서의 국립중앙도서관 출판시도서목록(CIP)은 e-CIP홈페이지(http://www.nl.go.kr/ecip)와
국가자료공동목록시스템(http://www.nl.go.kr/kolisnet)에서 이용하실 수 있습니다.(CIP제어번호: 2017008960)

ISBN 979-11-87875-02-4 03320

- 책값은 뒤표지에 있습니다. 잘못된 책은 구입하신 곳에서 교환해 드립니다.
- 책으로 펴내고 싶은 아이디어나 원고가 있으시면 언제든 메일(thmap@naver.com)로 보내주세요.
  생각지도는 여러분의 소중한 경험과 지식을 기다리고 있습니다.